現代草民哲學讀本

日常隨時烙哲學 用思考通樂人生

網路人氣專欄

沃草烙哲學作者群 著

沃草公民學院主編 **朱家安** 編

新生代人氣插畫家 **寧欣** 繪

推薦序

有美玉於斯，韞匵不藏諸

苑舉正

臺灣是一個多元的社會，但在這個社會中，大家對於強調多元主義的哲學思考，並沒有給予應有的尊重。這個事實，讓我這位哲學教師感到困惑。連我都如此，那麼可以想像的是，哲學學生所面對的困境。

雖然情況如此，但總有一些學生輩的人深深了解「有美玉於斯」的道理。他們不甘願，堅持透過他們的「筆」，展示腦海中的「玉」。他們年輕有理想、富正義感，無畏時局多變，勇於面對爭議，搭配哲學的智慧，高談闊論，企圖啟蒙社會。

對於這一份熱情，我在感動之餘也想到自己。我年輕時，沒有這麼好的文筆，卻也很安靜地讀完書。後來利用教書之餘，也找機會寫一些針對局勢做評論的文章。我羨慕後生晚輩所做的選擇，尤其在網路的時代，他們不斷地以獨立個人的身分，表達對於政治與社會的看法。

這些看法中，多數有立場，也有很多純粹就理念進行分析。不過整體而言，所有的讀者都會發現，任何立場一旦轉換為文字，內容極有可能變得比較持平而且深化。當然，政治立場是比較激動的，不過是否能有說服力，則要由讀者判斷了。

本書分成六個部分。其中，「價值」的部分涉及倫理學的思考；「生活」談的是人的根本價值；「政治」強調的重點是對於時局的批判；「性別」這一部分說的是自由選擇的立場；「自己」闡述一個哲學中，有關自我認同的問題；「藝術」這一部分是我認為本書最有意義的。藝術的討論，自然涉及主觀鑑賞與客觀評價之間的平衡；這種平衡正是現在臺灣社會最需要的。

本書有三個部分非常值得特別點出來。第一，它的現時性。書中有非常多的內容，針對剛發生不久的社會議題進行分析，讓讀者可以感受到哲學論述的活用與論理。第二，本書列舉的思考問題。在每篇文章的最後，都有作者列舉的問題，讓讀者在意猶未盡的心境下，可以嘗試地針對這些問題過一過哲學癮。第三，本書的寬廣性。本書所有的文章，不但文筆清晰又流暢，還牽涉廣泛的哲學內容，其中還擴及傳統中國經典的詮釋與分析。這是我在閱讀本書中，最為驚艷的收穫。

我向國人推薦本書的同時，也希望所有讀者不僅僅將本書當成「哲學讀本」，也可以親自思考它背後所展現的意義。

（本文作者為國立臺灣大學哲學系教授）

推薦序

一介草民的真心不騙

許伯崧

在《現代草民哲學讀本》出版的兩年多前，現任的烙哲學主編朱家安有一回跟我談到他們「正在籌組哲學普及的寫作團隊」，希望能夠以日常的語言，將哲學這門學科的知識介紹給更多的讀者。

當時是二〇一四年，臺灣社會從三一八太陽花運動與反核運動的激烈衝撞中，撞開了新世代對於知識的渴求。無論是起造於當時、或是更早的學術科普網站，知識議題陸續在社群網站上受到熱烈的關注與分享，這股對於知識的追求，以及對於學術公共化與科普化的需求，就我個人所身處的成長脈絡來看，或許可稱是前所未見。而烙哲學確實就成立在一個對科普文懷抱有別於以往期待的浪尖上。而我想，比起過去，這樣的條件更有利於推展學術的科普知識；特別是臺灣至今不僅經歷了政黨輪替，同時巨量議題更源源不絕地接連登場，舉凡婚姻平權、文言文的存廢，皆豐富了議題討論的厚度與廣度。

當然，這本書並不是一本時事評論的文集，而是有著精采扎實卻不艱澀、且不令人昏睡的哲學介紹。除了哲學史上著名的思想實驗「電車難題」（相信大家都看過網路上各種電車難題的變形種），也介紹了幾位哲學家的經典學說：如康德的道德原則（不知道康德如果生在當代會不會被虧94狂）。除西方哲學外，書中也安排了中國哲學的篇章（暫且不論中國哲學是不是哲學的討論），對於哲學的認識因此更為呼應讀者的生命經驗（如老子不是只出現在國文課本那樣）；此外，關於藝術哲學的討論，也拉開了另種觀看藝術的視角，進一步豐富了我們的美學體驗。

無論從時事議題融以哲學討論，或是以思想實驗帶出哲學的思考模式，作為非本科出身的一介草民如我，本書的閱讀門檻不若想像中高，反而相當接近生活，並在關鍵的議題上，更適時地以哲學回應了社會。哲學作為一種方法，不在於將複雜的社會現象／問題，以抽離、去脈絡且真空化的討論找出答案。相反的，我們所面臨的道德爭議，往往比這些抽象的思考與論辯更為瑣碎、複雜。如能透過哲學向外解析世界，向內認識自我，並進一步形塑自己的世界觀；或許，這比找出一個終極答案來得更有意義。

（本文作者為UDN鳴人堂主編）

專業草民來推薦……

冏星人：哲學之於其他學科，如同智慧之於知識，擁有知識不等於懂得如何思考，思考是質疑和改變的必要基石。哲學教人質疑，它是非功利性的，試圖解決表面看來無用卻直指真相的問題。我們要如何知道哲學的重要性、它又要如何運用於實際生活中，在這個公民覺醒熱潮與庶民小確幸持續噴發的時代，著筆於多面向的本書能提供一個由淺入深、多管齊下的學習路徑，指引每位邁出思考第一步的讀者開始對真理的探索之路。

張旺山：思想是人之所以為人的一個本質性特徵；而會思考的人終將無法逃避人類理性向自己提出來的哲學問題——逃避固然可恥，也沒有用；烙哲學不但好玩，更有大用。愛好智慧的朋友們，全神貫注的上吧！

洪裕宏：臺灣社會有哲學貧弱症。現在有一群年輕哲學人要來改變這個現象了。從生活上各個角度切入，以輕鬆的語言談論日常生活中的重要問題。這本書會讓你覺得哲學不遙遠，讓你不費力氣習得哲學對話的習慣。

葉丙成：臺灣的教育，在哲學思考這塊一直是欠缺的。從小到大，很少有機會被訓練做嚴謹的思考。然而隨著社會的發展，開始出現不同價值的衝突；惟有靠嚴謹的思考、抉擇，個人才能脫離迷思，社會才能進步。哲學沒有答案，而是一個提問與解答的過程，本書藉由價值、生活、政治、性別、自己、藝術六個面向循序漸進，從不斷的對話中抽絲剝繭尋找可能的答案。這能幫我們更了解自己，也發現哲學並沒想像中那麼難。腦子是個好東西，能用來思考真棒！

●厭世哲學家：哲學最吸引我的地方就是：同時呈現許多對立衝突的觀點，看它們捉對廝殺，將對方的論據一一擊破，看看最後還剩下什麼。也許有的人學哲學是為了得到真理，鞏固自己的信念；但我學哲學的目的正好相反：我喜歡用哲學來摧毀我自己的信念，享受不斷被打臉的快感。臺灣社會這幾年來已經進入「新百家爭鳴時代」，對於女權、同婚、政治等議題，隨處都可以開新戰場。現在真正需要的，是深化各方觀點，然後進行深入對話，才能明白爭執的關鍵何在。雖然這本書不一定討論了你所關心的議題（例如女權就沒有提及），但我們還是可以學習讓不同立場深入對話的技巧。用輕鬆的筆調來介紹哲學，已經不稀奇了；現在市面上缺乏的是一本能夠呈現各方對立觀點，深入對話，並從中學習思辨能力的書。而《現代草民哲學讀本》就是這樣一本書。推薦給厭世的你。

吳豐維（臺灣高中哲學教育推廣學會理事長）、林祖儀（PTT粉絲團主編）、林從一（政治大學哲學系教授）、沈清楷（哲學星期五發起人）、黃益中（熱血公民教師）、謝世民（中正大學哲學系教授）　**聯合叫好推薦**

歡迎踏入烙哲學交誼廳，來趟哲學思維的旅程

洪偉（沃草公民學院專案經理）、吳星澄（烙哲學企畫編輯）

兩年前，沃草的「公民學院」開始執行「烙哲學」的發起活動與支持計畫。那時的召集人和今天一樣，是朱家安和洪偉。

我們最早的想法，是希望經營一個以哲學普及寫作爲導向的社群。爲了這個目的，我們設立了用於線上討論的「烙哲學交誼廳」，並定期舉辦屬於寫手的實體交流聚會。

爲了建立永續發展的模式，我們首先必須找到獨立的經費來源。「UDN鳴人堂專欄」的幫助，對於此模式的形成非常重要，他們提供的稿費一部分就做爲社群的運作經費，支持每一次的寫手聚會。在這要特別感謝鳴人堂主編許伯崧的支持。

穩定產出「鳴人堂專欄」的哲普文章，成爲這個社群中最重要的活動。圍繞著此專欄，哲學人在討論區中交換意見，不管是批評還是補充。

在烙哲學的稿件審查上，我們採用獨特的「開放審稿」模式。完全透明地在「烙哲學交誼廳」上進行。任何會員都可以在每篇投稿的討論串裡看到文章的形成過程。最後再由主編朱家安進行最後的潤飾和確認。

這種審查方式除了可以廣納多方意見外，還有一個額外的好處，就是讓所有參與者都能在文章的形成中，享受到哲學討論的過程。

然而，社群所帶來的好處，不僅在內容的產出。社群中的交流以及對話，也增加了社群參與者的成長與反思機會。

哲學不是實用的學科。哲學普及的工作，除了要能讓人了解哲學，同時也要對人說明：「哲學的價值在哪裡？有什麼用？」在社群中，這提供了我們很好的反思機會。

在社群中，我們遇見各種不同的人，而人人都有自己對哲學普及的見解和認爲重要的問題；對每個議題，也有自己的獨特思路，進而成其內容的豐富。

兩年來，社群隨著參與者的貢獻成長著。今天，終於有了《現代草民哲學讀本》的出版。這是一件令人興奮的事：這不只意味著我們寫了一本書，更意味我們以自認理想的社群模式寫出了一本書。

這本書所呈現的，是經過錘鍊的精確思路、豐富思考的方法。能帶給讀者的，將不只是哲學的敲門磚，更是一趟能經歷各種哲學思維的旅程。

如果覺得還不過癮，就來「烙哲學交誼廳」（http://citizenedu.tw）上晃晃吧！

我們邀請你，對人生提出最全面的質疑

朱家安（沃草公民學院主編）

在民主社會裡，和政治立場不同的人互相討論社會議題，是免不了的事情。遺憾的是，我們在進入臉書時代之前，並沒有太意識到這件事，也沒有做太多準備。忽然發現社會裡竟然有那麼多政治立場令人髮指、那麼多跟我不一樣的人，讓我們都嚇壞了。我們發明了很多詞彙，例如「同溫層」「取暖」，但它們對討論的幫助似乎很有限。一旦面對眞正的對手，我們依然容易陷入跳針和鬼打牆的輪迴，直到有人放棄對話或者被封鎖。

這些情況令人洩氣，但這並不表示我們很爛。因爲我們其實一直沒有受過民主社會公民應有的專業訓練，國民教育並沒有教我們怎麼跟立場不同的人對話，怎麼有耐心地抽絲剝繭理解雙方立場。

這個時候，我們想，哲學該出馬了。

對於一般人來說，哲學的抽象思維就像是在打高空，對生活幫助有限。然而如果你曾經好好參與一場政策辯論，會發現多元社會的理解避不開抽象思辨：道德是主觀的還是客觀的？美感呢？什麼是人的基本權利？如果被剝奪了，到底有多糟？當人們需要藉由抽象層次的討論來共同擬定社會前進的方向時，輕賤哲學思維的結果，就是低落的討論效率和糟糕的決策。

本書使用指南：引出你的想法與我們對話

其實，以哲學研究為職業的人，就跟其他學術工作者一樣，他們喜歡自己研究的東西。如果可以，他們會希望別人也能享受這些思考和探尋的樂趣，並進一步用哲學來改善生活和社會。在臺灣，有一群念哲學的學生想要動手讓這個願景更容易實現。他們發想有趣的議題、研究清楚的表達方式、鑽研引人入勝的寫法，希望能把哲學寫得讓身負一天工作疲倦的現代人也讀得下去。你手上的這本書，就是這些人努力的成果。

《現代草民哲學讀本》整理了烙哲學社群近三年來發表的文章，依照主題和進階程度分類，並在文章後面附上了進階思考的問題，協助你確認自己對文章的理解，並幫助你找到自己的意見。我們整理的六個主題分別是：

價值：什麼是對？什麼是錯？看似主觀的道德該怎麼討論？

生活：有所謂「眞理」嗎？我們該怎麼面對工作？

政治：對政府不滿，可以怎麼辦？

性別：同性戀不能結婚，有什麼問題嗎？

自己：「我」是什麼？「我」存在嗎？世界呢？

藝術：什麼是藝術？解讀藝術作品，有所謂對錯嗎？

值得一提的是，我們刻意挑選了一些有先後接續效果的文章，讓你的閱讀能夠逐漸深入，例如：

林正昊：爲什麼康德絕對不說謊？

張智皓：道德原則可以有例外嗎？

此外，我們也挑選了一些在相同議題底下有互斥立場的文章，讓你體驗哲學辯論好玩的地方，例如：

王人俊：當心！主張同性戀不自然，可能導致你不能穿褲子！

張子龍：你眞的有想過護家盟在想什麼嗎？沒有，你只想到自己

你在閱讀的時候，不見得會同意作者們的說法，這很正常，也很好。你應該把作者當成仁慈的對手：他們盡量清楚鋪陳出自己的看法，讓你當成靶來進行思考訓練。有些作者甚至在文章後面的思考問題裡鋪了一些線索，讓你可以更容易找到切點來反駁他自己的意見。（當然，也有一些作者故意設計了奇怪的問題，意圖造成讀者的困擾。基於寫作自主，我們也無法阻止他。）

在學術上，哲學的訓練很仰賴思考。以休閒娛樂來說，你也得自己實地去想，才容易體會哲學的樂趣。所以，除了我們自己打自己之外，我也建議你在讀的時候隨時想想下面這些問題：

這個人討論的問題是什麼？

他對這個問題給了什麼答案？

他對這個答案給了什麼理由？

這個理由好嗎？我願意接受嗎？有沒有什麼顧慮？有沒有更好的理由可以支持他給的答案？

他給的答案好嗎？這個答案會不會導致什麼奇怪的結果？對於他討論的問題，有沒有更好的答案？

他討論的問題如何？夠明確嗎？他提問的方式，會不會誤導我認為他的答案很合理？

對文章進行最全面的質疑和反思，就是不浪費作者心力的最好方式。

現在，就翻開下一頁吧！

目錄

第1章 價值

第2章 生活

第3章 政治

第4章　性別

第5章　自己

第6章 藝術

附錄

第一章

價值

對「我們該做什麼？」這個問題，你應該好好挑剔

引言　朱家安

「你是說，說謊是錯的？」

「嗯，說謊是錯的。」

「如果說謊是錯的，那麼，不管在什麼情況下，說謊都是錯的，對吧？」

「應該是喔。」

「那如果在某些情況下，要完成好事就必須說謊，該怎麼辦？」

「你的意思是說，說謊並不總是錯的嗎？」

「有可能，或者也有可能在某些情況下不管怎麼選都錯？」

有些人認為哲學沒有標準答案。這種說法就算不是錯的，至少也有誤導之嫌：它讓人覺得哲學無關對錯，所有答案都一樣好。在哲學裡，當然不是所有答案都一樣好，不然哲學系學生就不用擔心期末考了。事實上，即便哲學問題沒有大家都有共識的正確答案，至少也有好答案和壞答案之分。面對哲學問題，哲學家努力提供能說服其它哲學家的說法，這種事情做起來不容易，因為哲學家往往既機車又挑剔，要能說服他們，你最好確保你的說法：

不只是一兩句斷言而已，還得附上理由。

這些理由必須合理，例如，不能和明顯的事實衝突。

這些理由彼此之間當然也不能衝突。

除此之外，你的整個說法最好不會導致什麼奇怪的後果。

在「價值」這一章，我們介紹哲學家對「我們該做什麼？」提出來的答案，以及其他人對這些答案的挑剔。可看見他們是怎麼遵循上面那些思考規則，來拼裝合理的說明。

第一篇　為什麼康德絕對不說謊？

林正昊

你生活在納粹時期的德國，一位被追殺的猶太人朋友藏匿在你家，這個時候蓋世太保上門來打探他的下落……

你會據實以告嗎？或者，你會爲了保護你的朋友而對追殺者撒謊？

相信大部分的人應該會毫不猶豫地選擇後者，而且不會覺得有任何罪惡感。但總是有一些奇怪的哲學家愛跟大家唱反調。雖然在啓蒙時代著名的德國哲學家康德那個年代，納粹尚未出現，但根據康德的倫理學，即使在這種情況下我們依舊不該說謊。是什麼樣的理由導致他有這種「冷酷」的看法呢？

康德到底有多嚴格？

在倫理學史上，康德是「惡名昭彰」的道德嚴格主義者。一七九七年，康德的道德哲學系統大致上已經完備，所有重要的倫理學著作皆已出版。他的倫理學表現出這樣的特徵：

道德規範的根據，是理性要求的普遍性，我們只能從行爲模式能不能被普遍化來推導我們的道德規範，至於行爲的任何可能後果都不能成爲執行道德行爲的動機。如果硬要說道德行爲有一個目的，那也只能抽象地說它以理性人格爲目的。

因此，康德認爲，即便對方是蓋世太保，你也不能對他說謊。因爲說謊這個行爲，沒辦法擁有「普遍性」的特徵（如果每個人都可爲了達到自己的目的而說謊，那麼也沒有人會相信謊言了），而至於「朋友會遇害」這個後果，則不在道德考量之列。

拜託誰來阻止康德……

康德的主張明顯違反人性，自然遭到當時許多哲學家的反對。以自由主義思想聞名的法國哲學家康斯坦（Benjamin Constant）認爲，所有的義務都該有相對應的權利：如果我有義務做某件事，那麼一定有人是這件事所影響的對象，而這個人，就有權利要求我履行此義務。

因此，康斯坦進一步推論：沒有人對會傷害別人的眞話具有權利。這麼一來，在上述的情境中既然說眞話會造成傷害，追殺者就沒有要求我們說眞話的權利，相應的，我們也沒有說眞話的義務。

善意的謊言錯在哪？

康斯坦的反駁看起來很符合直覺，但康德不接受，並在一七九七年寫了文章回應，標題就叫作〈論出於仁慈而說謊的假想權利〉。在這篇文章中，康德堅持：就算說實話可能會爲自己或他人帶來許多壞處，人類依然有誠實的義務。康德強調：我們甚至不用考慮說謊對追殺者公不公平，一旦我們說了謊，我們就破壞了這個社會互信的基礎，讓一切的承諾都不再生效。

跟康德一開始的說法比起來，這種回覆其實並沒有多說什麼新東西。康德只是在說謊的情境中，重申了普遍性的重要。想想看，在一個大家都可以爲了自身目的說謊，因而失去語言互信的社會中，蓋世太保殺到你家門前，也不會再停下來問你，而是會直接衝進你家找人，這時候也不存在說謊的機會了。

有人可能會說：「有這麼嚴重嗎？我們只要加一個條件，限制只有在遇到追殺者時才可以說謊，這樣不就能在一般情況下維持社會互信的運作，而緊急情況時又可以避免悲劇發生了嗎？」但只要我們仔細想想，就會發現這樣並無法阻止悲劇。在一個大家普遍遵守「可以對追殺者說謊」這項規則的社會裡，身為追殺者的蓋世太保會笨到去相信別人說的話嗎？所以無論如何，說謊是不可能被普遍化的。

為什麼道德行為要有普遍性？

討論至此，我們可能會進一步追問：「為什麼普遍性對康德來說這麼重要？」其實拿掉「普遍性」這個很學術性的稱呼，我們會發現，事實上這是我們很基礎的一個道德直覺。

若某件事情是道德上允許的，那我們應該也會很自然地同意，大家在同樣條件下也都有權利去做這件事。如果我們同意上述的主張，那麼，如果有一類事情的特色是「如果大家都做了這件事，反而沒有人能達成原本做這件事情的目的」，是否就不應該在道德上允許這件事情呢？

此外，我們應該也會進一步同意，若一件事情在道德上被禁止，那這個禁令應該對所有人都有效，否則我們又要根據什麼標準來決定誰能例外、誰又不能呢？其實，這就是康德對普遍性的想法。對康德來說，這個基本的道德直覺背後有個更深層的根據：人的理性。追求普遍性是理性的本質，因而理性的人對道德的看法同樣必須以這個特性爲根據。然而，康德對理性的理解以及他如何解釋理性與道德的關聯已經牽扯過多，在此就不加贅述了。

但回到原來的問題，至少我們就可以理解康德以下的主張：

說謊總是傷了人，儘管不是特定個人，但它傷害了在每個人身上制定道德規範的理性人格。

對康德來說，這比傷害特定個

人還要糟糕，因爲它破壞了理性社會應有的秩序。

說真話害死人要負責嗎？

或許我們都可以同意道德要求普遍性，但此時「說眞話」畢竟是造成傷害的原因之一，那麼說眞話的人是否就活該倒楣必須爲此負責呢？

康德認爲不用，因爲事實上，說眞話並不是在做一件傷害人的事，它在這個情境中只是引發了一個傷了人的「意外」。

要怎麼理解這句話呢？康德會認爲，基於義務，我們無從選擇必須說眞話，這是我們的本分。但這個本分本來並不以傷害人爲目的，是追殺者的存在使它間接地導致傷害。然而，從我們的立場來看，追殺者的存在甚至就和天災引起的事故一樣，都是一種偶然的外在原因。所有外在原因和它造成的結果，都不是我們自己必然可以預測和掌控的，所以我們不必爲此負責。況且誰又知道，說了眞話，我們的朋友就一定會遇害呢？

康德提出了一些可能的情境：

我們說了眞話，但追殺者進屋搜索時，我們的朋友正好跑掉了，或者此時隔壁的鄰居正好路過一起制伏了歹徒。這些不可預見的事件反而可能帶來好的後果。反之，若我們踰越了自己的本分說了謊，我們反而要爲它引發的所有後果負責。

例如我們騙追殺者，我們的朋友跑到後面的森林裡了，好死不死這個朋友因爲太害怕，剛好也想偷偷從後門溜進森林而被撞個正著，這時候我們反而要爲這個悲劇負責，因爲這是我們做了本來不應做的事所造成的。

因此，康德所理出的結論是：做會引發傷害的行爲，不等於做了不義之事，我們只應該做好我們的本分，其餘的天有不測風雲，不是我們所能掌控和應該負責的。

倫理學在幹嘛？

分析到這理，大家可能已經可以感受到康德對義務的普遍性具有不能有例外的嚴格要求和冷酷。我們可能仍然難以接受康德的想法，甚至就算接受了也難以眞正實踐在道德生活中。但這個範例卻可以幫助我們更了解倫理學的本質。

倫理學不像其它理論哲學是探討「事物實際上有什麼性質」，而是要探討「什麼事情（行爲）應該要發生」。

這個問題之所以困難，是因爲就算對於和某行爲相關的事實和線索判斷都一致，兩個人依然可能對於「是否『應該』做這個行爲？」有不同判斷。這使得我們難以藉由進一步觀察這個世界，來判斷某個倫理學理論是否有效。

例如在著名的電車兩難中，只要你願意，你可以一致地擁護任一立場，因爲死一個人或死五個人的事實，並不能推翻你堅持的目的論或義務論原則。反過來，我們應該讓哪些事實發生，正好是這些基本原則所決定的，而並沒有哪個事實可以做爲客觀標準來決定原則之間孰眞孰假。

怎樣才是一個好的倫理學理論？

然而，我們在一般的道德生活中有各式各樣的道德直覺，它們也時常互相衝突。因此，當我們爲了建立一個倫理學理論而提出道德原則時，它可能難以和所有的道德直覺相容，這時爲了保持一致，我們就會面臨調整原則或拋棄直覺的抉擇。

這時候如果堅持一個原則，會迫使我們放棄大部分核心的道德直覺，那麼我們大概會很難選擇接受它。所以在替自己的理論辯護時，倫理學家往往會試圖指出自己的理論符合大部分或者重要的道德直覺，而對手的理論則與此相矛盾，或至少無法像自己做得這麼漂亮，這就是倫理學辯論中最基本的攻防。

在我們的範例中，我們可以看到「道德有普遍性」跟「善意的謊言」這兩種都是我們很強的道德直覺。而在沒辦法相容地保留兩者的情況下，康德選擇維持前者（這是基於他認為前者更基本、更重要，而且如果放棄它，可能連帶地要放棄更多其他的直覺），並嘗試把說眞話帶來的傷害解釋為意外，降低它對我們道德直覺的牴觸感。這就是建立一個倫理學理論的基本操作方式，而一個理論如果越能夠用一致的原則、不違和地解釋我們更多的道德直覺，它就會是一個更好的倫理學理論。

思考問題

①如果你處在康德給出的情境中，你會怎麼做呢？你同意康德的想法嗎？如果不同意，你要從哪裡下手反駁他呢？

②想想看：我們生活中是不是有很多不同道德直覺？它們是不是常彼此會發生衝突？當衝突發生時，你都如何下決定或化解衝突？在這個過程當中，你能為自己的思考歸納出一條普遍的道德原則嗎？

道德原則可以有例外嗎？

第二篇 張智皓

在日常生活中，我們常常透過道德原則來判斷行爲的對錯，比方說，「殺人是不對的」或者「說謊是不對的」。這些是常被我們拿來使用的原則。然而，我們好像也常常遇到例外，比如「自衛殺人」「善意的謊言」等情況。如果一項原則常常可以遇到反例的話，我們不禁想問：道德原則有沒有普遍性？

在道德哲學的討論中，這個問題正是「道德普遍主義」（moral generalism）與「道德個別主義」（moral particularism）之間的爭論。前項陣營常見的道德理論有義務論與效益主義。不同於義務論，效益主義不考慮個人行爲的動機與手段，僅考慮行爲的結果對最大快樂値的影響；而後項常見的是德行論。簡單來說，這兩種立場間的主要差異在於對道德原則的態度不同。

道德普遍主義：道德沒有例外

「兩種立場對道德原則的態度不同」是什麼意思？讓我們先從普遍主義開始談起。一般而言，普遍主義者認爲道德原則具有三種特性，分別是統合性（unity）、普遍相關性（universal relevance）、固定價性（fixed polarity），以下簡單個別說明：

統合性：錯誤的行爲有共同特徵。

在日常生活中，有許多類型的行爲被我們視爲錯誤行爲，比如說謊、偷竊、殺人、強暴、惡意中傷等。然而，是什麼特徵隱藏在這些行爲背後，導致這些行爲是錯誤的？普遍主義者認爲，這許許多多行爲背後，肯定可以統合出一項或一組與道德相關的特徵。比方說，這些行爲都會傷害他人，或者這些行爲都有害於社會最大利益等。普遍主義者認爲，在實踐上，人們正是透過這類共同特徵來判斷行爲的對錯。因此，一旦我們能夠找出錯誤行爲背後的共同特徵，我們就能夠將此特徵原則化，作爲道德判斷的基礎。換言之，道德原則的內容正是那些道德相關特徵。

普遍相關性：跟道德有關的特徵，永遠都跟道德有關。

前面提到，普遍主義者認爲，我們可以從各種錯誤行爲的背後，統合出一項或一組與道德相關的特徵，並藉此判斷行爲的對錯。接著，普遍主義者更進一步指出，這些特徵一旦被視爲「道德相關特徵」，那麼，不論在任何脈絡下，只要出現這些特徵，它們就必定會與道德相關。舉例來說，如果傷害他人的行爲與道德相關，那麼不管在什麼脈絡底下，只要一項行爲傷害到他人，這項特徵（傷害他人）就必定與道德相關。以效益主義爲例，一項行爲特徵只要與效益相關（行爲會帶來快樂或帶來痛苦），不論此行爲特徵處於何種脈絡底下，都必定是道德相關特徵，需要被放進道德考量中。

固定價性：會爲行爲扣分的特徵，永遠都會爲行爲扣分。

要理解道德原則的價性，必須要搭配「普遍相關性」一起服用。而價性這項特質，目的在於進一步指定這些特徵「如何」與道德相關。道德特徵可以做出類似於電極上正負兩極的區分，一旦某項道德特徵傾向於獲得道德上「對」的評價，則此項特徵屬於道德正值；反之，當特徵傾向於獲得道德上「錯」的評價，則此項特徵屬於道德負值。普遍主義者認爲，道德特徵的價性是固定的。意思也就是，如果某項道德特徵屬於道德負值，那麼不管在什麼脈絡底下，此項特徵都會是道德負值。比方說，如果傷害他人是道德上錯誤的，那麼不管在什麼脈絡底下，傷害他人道德上都是錯誤的。或者根據效益主義，如果帶來快樂具有道德正值，那麼不管在什麼脈絡下，帶來快樂都具有道德正值。

道德個別主義

道德個別主義作爲道德普遍主義的對立觀點，反對前述三種特性的存在。個別主義者不認爲道德原則可以正確捕捉所有道德相關的行爲特徵，同樣的，他們也否認這些特徵具有普遍相關性與固定價性。讓我們先從後面兩項特性開始談起：

反對普遍相關性

普遍主義者主張，如果某些特徵是道德上相關的，那麼不管在任何脈絡底下，這些特徵都會是道德上相關的。個別主義者透過思想實驗來反駁這樣的說法：

設想我們一群人今天在玩「吹牛」這款遊戲，根據設計，人們需要透過說謊來欺騙他人，以爭取最後的勝利。在遊戲進行中，所有人或多或少都會嘗試著說謊來追求勝利。然而，我們實際上並不會認爲這些爲了追求勝利而說謊的人犯了什麼道德上的錯誤。

如果普遍相關性是對的，那麼我們似乎要主張在吹牛的遊戲裡說謊也是道德上錯誤的行爲，但顯然我們不會這樣認爲。因此，普遍相關性不會成立。

反對固定價性

普遍主義者主張，如果某些特徵具有道德上正值或負值，則這些特徵在所有脈絡底下，其價性都會是固定不變的。以前面提過的效益主義爲例，帶來快樂的行爲總是具有道德正值，但個別主義者同樣透過思想實驗來主張這樣的說法不成立：

政府在考量是否要針對恐怖謀殺的案件重新引入絞刑，並且公開行刑。假設根據過去的經驗，這種公開行刑的方式總是讓人們感到愉快，那麼，這樣的經驗事實是否足以成爲理由，支持政府重新回歸這一類的刑罰？事實上，結果很可能會是相反的，這種人們透過殘酷虐待他人而獲得的快樂，很可能會構成我們反對重新回歸這類刑罰的理由。

個別主義者認爲，此思想實驗指出一項帶來快樂的行爲，擁有道德正值還是道德負值，是可能受到脈絡所影響的。一般而言，帶來快樂的行爲雖然通常被視爲道德正值，但某些情況下，卻被視爲道德負值，而非如普遍主義者所宣稱的固定不變。

反對統合性

最後，在反對了普遍相關性與價性之後，個別主義接著反對統合性。這邊的反駁比較單純一點。根據統合性，道德原則是透過觀察行爲背後與道德相關的特徵之後，統合出來的原則。然而，如果普遍相關性與固定價性皆不成立的話，人們就無法透過觀察那些道德相關的特徵來統合出原則，因爲那些道德相關特徵可能在某些脈絡下與道德無關（因爲普遍相關性不成立），也可能在某些脈絡下改變其與道德相關的方式（因爲固定價性不成立）。基於普遍相關性與固定價性被推翻，統合性也會因此被推翻。

納粹來查水表了

在林正昊的〈爲什麼康德絕對不說謊〉文章中提到的著名納粹案例，正好可以讓我們用來比較普遍主義與個別主義的想法：

想像你身處在二戰時期，家裡面藏了一位猶太人，他是隔壁鄰居的小孩，跟你沒有太大的交集。突然，門鈴聲響起，是一位納粹軍官來拜訪。他拿著一張照片，詢問你是否看過照片中的小孩（正是躲在你家裡那位）。你知道如果說實話，小孩會被抓走，關進集中營，而且非常有可能被殺死。此時，你應該說謊嗎？

對於普遍主義者來說，你似乎應該說實話。比方說前面林正昊討論到康德的觀點，就屬於這一種普遍主義。對於康德來說，如果說謊是錯的，那麼不管在什麼情境底下，說謊都是錯誤的。但是，這聽起來有點讓人難以接受，如果我們很確定納粹的行爲是錯誤的，在這種情況下，我們眞的依然應該說實話嗎？

爲了避免這樣的後果，另外有些普遍主義者，比方說英國義務論倫理學者羅斯（W.D. Ross）提出了將義務分階層的想法，他認爲在特定環境下（這點很重要，因爲羅斯不認爲有絕對優先的義務存在，義務間的重要性取決於特定環境的設定），有些義務比起另外一些義務更重要，如果義務彼此互相衝突時，應該以重要的一方優先。在這種想法下，普遍主義者或許可以主張，在納粹的例子中，**說謊依然是道德上錯誤的**，**擁有道德負值**。但是基於拯救人命更重要，擁有凌駕於說謊的道德正值，因此有更強的道德理由去說謊，在這個事件中，我們應該選擇說謊以拯救人命。對於個別主義者來說，他們的回答會直接許多：在這個時候，爲了避免納粹的惡行，說謊就是你應該做的事情，**說謊是道德上對的行爲**，**擁有道德正值**。

從這個例子上，我們可以看出普遍主義與個別主義的明顯差別，前者基於固定慣性，堅持說謊依然是道德上錯誤的行爲，後者則反對這樣的想法，認爲在納粹案例中，說謊變成是道德上正確的行爲。根據羅斯式的普遍主義，說謊的道德負值只是被拯救生命的道德正值壓下去。而對個別主義者來說，說謊在這件事情上具有的純粹是道德正值，沒有任何負面的意涵。那麼，哪一種想法更合理呢？這邊就交由讀者自行思考了！

普遍主義掛了嗎？

個別主義者透過各種反例來反駁普遍主義，甚至，在納粹軍官的案例中，就算普遍主義者採取羅斯式的回應方式，依然要面對一項挑戰：在納粹案例中，說謊眞的依然擁有道德負值嗎？還是說，在那種情況下，說謊完全就是道德上對的行爲呢？普遍主義看起來面臨嚴峻的挑戰，然而，這不代表普遍主義就因此失敗了。他們還是可以想辦法回應那些挑戰，比方說，在玩吹牛遊戲的例子裡面，普遍主義者可以說：我們談的普遍相關性是在道德脈絡底下，具有普遍相關性。而「玩遊戲」根本不屬於道德脈絡，沒有普遍相關性也是很正常的事情。至於是否要重新引入絞刑的案例中，普遍主義者可以主張：引入絞刑或許可以讓觀刑者感受到愉悅，但是卻也可能讓人們感到不舒服，如果把受刑者的效益也算入的話，更是大大的負值。因此，這種殘酷的刑罰帶給人們的痛苦會遠大於快樂。又或者，他們可以主張邪惡的快樂與一般的快樂不同，應該要被計算爲負值等。

小結

雖然在本文中普遍主義看似處於弱勢的一方，然而，至少目前爲止尙未被一拳擊倒。事實上，普遍主義在某些面向上有其強項。在實踐上，道德原則可以讓我們在進行道德判斷時更有效率；在進行道德教育時，也會更容易讓學習者分辨行爲對錯。除此之外，由於道德原則讓判斷者有規可循，不須訴諸道德敏感性與道德權威者，所以可以更輕易地說明道德判斷為什麼具有客觀性。反之，個別主義者需要面對的一個重要問題是：我們要如何在主張某人做出錯誤判斷的同時，不訴諸原則來說明其錯誤？如果不訴諸道德原則，道德判斷的對與錯要交由什麼來決定？誰有權威？如果沒人有權威，是否可能導致道德懷疑論？這些問題就是另一個故事了。

思考問題

① 你認為道德判斷應該從原則，還是從個別具體情境出發？

② 你認為在做道德判斷時，有所謂的「權威」嗎？

道德普遍主義 vs. 道德個別主義

◆義務論（Deontological Theories），屬道德普遍主義陣營，主張道德的行為是符合特定道德規範的行為。

◆效益主義（Utilitarianism），舊譯功利主義，屬道德普遍主義陣營。主張道德的行為是促進最大效益的行為。

◆德行論（Virtue Ethics）是規範倫理學的其中一個理論，屬道德個別主義陣營。認為行為對錯之判斷要從個人品德談起：當有德者透過自己的品德及對道德的敏感性出發，根據整體情境所做出的行為判斷，就是對的判斷，而該行為也就是我們應該採取的行為。

第三篇　陳煥民

政治人物可以違背承諾嗎？

在日常生活中，我們時常看到政治人物說話前後不一、違背自己承諾的情況。像是二〇〇八年總統大選時，民進黨候選人謝長廷曾說，要是敗選就退出政壇，但後來卻復出從事政治活動；前總統馬英九在競選連任前曾明確表示，絕不會在任內與對岸元首見面，但二〇一五年十一月卻在新加坡進行了馬習會。通常我們對於公眾人物「說話不算話」「公然說謊」「換了位子就換了腦袋」會感到不滿，但是政治人物比起其他公眾人物又比較特別：他們背負社會期待，又擁有某些專業政治考量，所以迫於現實與無奈的「此一時也，彼一時也」似乎可以得到諒解。我們究竟應該如何看待政治人物違背諾言？他們究竟做錯了什麼？以下我從倫理學的角度出發說明兩點：

一、哲學上「絕對不可以說謊」不是定論。

二、即便如此，政治人物違背承諾仍然是錯的，他們應給民眾足夠的交代。

「絕對不可以說謊」也太嚴格了吧！

在開始討論之前，需要先澄清以下幾個類似的行為：「說謊」「做假承諾」以及「違背承諾」。一般來說，說謊是指一個人想的和說出來的內容不一樣；做假承諾則是指明知自己無法完成某件事情，卻仍然答應他人。這兩個行為的共通點在於：行為者刻意讓他人誤信自己的話。另一個相似的行為則是單純的「違背承諾」，也就是行為者不一定一開始就打算欺騙，而是基於其他理由導致做不到，或是不得不放棄原先的承諾。以下雖然討論說謊，但大致上也同樣適用於做假承諾。

如果單純討論「人到底可不可以說謊」，「不一定」「看狀況」並不是壞答案。傳統崇尚的美德之一是誠信，然而說一個人擁有品德，並不是說他「百分之百」遵守道德要求，而是他的行為和傾向「大部分」符合道德要求。若要一輩子不說謊才算誠信，世界上可能找不到任何一個誠信的人了。所以從「誠信是一種品德」，無法推得「所以人絕對不可以說謊」的結論。

主張「人不可以說謊」的學者當中，最有名的是德國哲學家康德。身為義務論者，康德認為人受到「道德命令」規範而有其該盡的道德義務，他主張的其中一條義務正是「絕對不可以說謊」。因此就有人問康德：「當有人拿著槍按你家門鈴、用一副要來尋仇的臉問：『你爸在家嗎？』難道你還是認為不可以說謊嗎？」這個思想實驗固然極端，但確實成為批評康德的有名反例。也因此就算是支持康德的哲學家，有些人還是會選擇幫康德緩頰，主張康德學說不必然導得「絕對不可以說謊」的結論。

和義務論齊名的另一個學派是目的論，其中最具影響力的是結果主義。結果主義者主張：一個行為的對或錯，完全被行為的結果決定。所以人是否可說謊，是看說謊後會導致怎樣的結果來決定。至於大部分情況下，人們選擇誠實，是因為理性考量後，發現說實話的結果通常比較好。如果有時說謊才能造成比較好的結果，那麼說謊就是道德上對的行為。也就是說，結果主義者會認為：說謊不必然就是錯的。

但是，撒了「該撒的謊」之後依然會有虧欠感

雖然從結果主義與義務論來看，同樣都無法得到「是否可以說謊」的決定性答案，但肯定的是，這兩種主張對於人們在說謊後是否該有虧欠感，具有不同的看法。

對結果主義者來說，由於行爲對錯完全交給行爲結果決定，所以一旦我評估某個說謊的行爲，確實會比不說謊造成更好的結果，那麼這次的說謊對我來說就是「對的行爲」。換言之，我不必因此感到愧疚與良心譴責，因爲這就是道德上該做的事情，做假承諾以及違背承諾也是如此。如果行爲者感到掙扎和虧欠，結果主義者會將其解釋成，那只是行爲者習慣了一般道德觀而產生的「不適感」，在道德討論上並不重要。如果是康德義務論者，行爲者說謊後感到虧欠就是很自然的事，因爲不管基於什麼理由做了決定，「說謊」本身就是錯的，不會因爲帶來好結果就變成對的，行爲者仍然需要承認道德上的瑕疵。

就這個區別加以考量，我個人基於兩點理由，比較傾向支持義務論：

一、對於人們說謊後的心境狀況，義務論的描述比較接近現實。不管基於什麼理由說謊，人們總是會意識到自己「似乎做錯事了」。就算理智上不斷告訴自己是基於好的理由才說謊，虧欠感仍然不會因此消失。

二、義務論提醒人們，在行動前多一層反思：一個人幾經衡量，最後決定採取的行爲，不必然就是對的。我們可以試想：當你揭穿朋友的謊言，朋友只一味解釋他有理由與苦衷，卻從不反思你的感受，也沒表現虧欠感或不好意思，那麼就算他有好理由說謊，我們仍然會指責他不重視你、不夠朋友。

我認爲，即便我們不支持「絕對不可以說謊」的原則，康德的義務論依然提供了一些想法，足以說明爲什麼政治人物違背承諾該受譴責。

政治人物違背承諾仍然不道德

我們總可以想像有些時候，隨著時空條件變遷，現在的我跟以前的我確實會對同一個問題做出不同選擇。問題在於：我們能否眞誠地對待因爲自己轉變，對其他人造成的損失與傷害（不管是實質上或情感上的）？例如謝長廷的例子，如果善意理解他的處境，我們可以想像他因爲選情需要，當時必須做出退出政壇的承諾，也可以相信他眞的是希望臺灣更好，或是因爲背負黨內壓力與其他利益，不得不再次復出。換作任何一個人，在他的處境下，或許最終都會決定違背原本的承諾。

然而，就算政治人物們基於專業考量或政治現實，讓他們只是不得不違背承諾，而不是故意說謊或做假承諾，也不代表因此他們就是對的，不需要被譴責。如果從康德義務論的角度來看，我們更在意這些政治人物究竟有沒有關心臺灣政治、把社會的人民當成對等有尊嚴的人加以看待。

康德主張：「任何只是把人當成工具手段，而沒有同時當成對等有尊嚴者加以看待的行爲，絕對會是違反道德法則且錯誤的行爲。」就算支持康德的學者，想辯護康德沒有主張「絕對不可以說謊」，他們也必須得先解釋，爲什麼當一個人說謊時，有可能仍然把被欺騙的人當成對等有尊嚴的人加以看待，因此這時才可以說謊。這也是常理會認爲不管有什麼好理由說謊，多少總該對他人感到虧欠的原因。從這個角度來看，政治人物需要違背諾言可能眞的有些好理由，但他們至少要能承認，當初把承諾看得太簡單了、不應該用許諾做爲競選手段；他們也有責任，應該向大衆解釋清楚自己碰到了什麼困難，使得自己無法堅守諾言。如果用康德義務論來思考，就是因爲相信人民能夠思考、具有尊嚴與理性，才需要展現擔當與誠意，給人民清楚的交代。換句話說，基於政治現實需求，而把違背承諾視爲理所當然的政治人物，都是我們應該譴責的對象。

馬前總統的情況也是如此。他曾經說過不選台北市長、不選總統、政策沒兌現要捐薪水都沒做到，到最後承諾總統任內不見對岸領導人又還是去了。如果要指責他，我不會指責他說謊。因爲就算可能性微乎其微，或許眞的有那麼一點可能，每一個我們看在眼裡的謊言，都是他深思熟慮後，對道德困境做出的艱難決定。眞正應該譴責的是，當人民發現他違背諾言時，他仍然抱持著不需要給人民交代、也不用重新反思自己的心態，好像「只要自己相信是在做對的事情」就好。

政治人物有「雖千萬人吾往矣」的氣魄與胸襟雖是好事，但民主社會中，合格的政治人物或政府，應盡可能保持公開透明，把思考過程與理由清楚呈現在人民面前，以此縮短行政專業與主流民意的差距。

這才是政治人物「把人民當成有尊嚴的人加以對待」的表現。就像上述揭穿朋友說謊的例子：一個打死不認錯只顧找藉口開脫，甚至時常連理由都懶得找的朋友，怎麼樣也算不上重視被騙的人，或是把人當成有尊嚴的人看待。從這觀點來看，我們應給予臺灣的政治人物更多的期待與要求，讓他們能理解到：政治人物違背給社會大眾的承諾，是一個嚴肅的道德問題。

思考問題

① 如果我們期待政治人物把人民都當成對等、有尊嚴與理性的人加以看待，除了違背承諾以外，你認為他們還有哪些作為應該被檢視與批評？他們應該怎麼做會更好？

② 政治哲學上另一個有關的議題叫做「髒手問題」(Problem of Dirty Hands)：當基於政治現實與專業考量，有時會出現決策者必須違反道德規範以換取更多國家利益或社會幸福的狀況。你覺得一般道德與政治考量真的有所衝突嗎？如果你是決策者，你會如何面對這類問題？

康德的定言令式

康德主張：「任何把人當成只是工具手段，而沒有同時當成對等有尊嚴者加以看待的行為，絕對會是違反道德法則而錯誤的行為。」此主張出自康德的定言令式，指所有人無條件都必須接受的命令句，所以也被稱為「無上命令」。康德認為，只有通過定言令式三個形式的行為，才是合乎道德法則的行為。本文引用到的是第二形式，稱為「目的自身形式」：「行動時對待人性的方式是，不論是自己或任何一個他人，絕對不能當成只是手段，而永遠要同時當成是目的。其中，「當成目的」是指把人當成理性且具有尊嚴的個體加以對待。反過來說，把人當成「只是工具」加以使用時，由於否定了人的理性與尊嚴，因此是道德上錯誤的行為。

第四篇 楊理然

哲學如何解答「人生的意義」？

「人生的意義是什麼？」現代專業哲學經常過度小心地避免這種牽連範圍廣大的問題，因爲範圍大，牽涉到的概念就很有可能過於模糊、不夠精確，而隱含在問題中的子問題也可能過於繁雜混亂。

但不可否認的是，關於人生意義這樣的大問題，是每一個人在某個人生階段裡都很有可能會出現的反思。規畫生涯、考慮職業、面對人生困境時，我們可能會思考和質疑自己的經歷和目標。這樣的時候，我們可能會產生一種冷靜審視的距離，並詰問自己：「人生的意義到底是什麼？我生而爲人是爲了什麼？」

「自我期許」與「人生意義」

上述的問題聽起來的確有重要的哲學意涵。但是另一方面，也有反對者認爲，關於人生意義的問題，其實並不是哲學能夠回答或需要回答的。這類問題，其實可能只是一個人因爲不夠了解自己而產生的心理問題。所以，透過一些實際的行動來嘗試弄清楚自己的能力和期許到底是什麼，就能逐漸解決心理上的困惑和不安。簡單地說，這一派的質疑認爲，當我們在問「生命的意義是什麼」時，我們眞正困惑的原因不是哲學問題，而只是我們不夠了解自己。

這樣的看法似乎在推測，當人在思考生命的意義時，我們心裡很可能只是困惑於生涯規畫等實際問題。例如：我想做什麼工作？要怎麼去追求想要的目標？在這種情況下，他們並不是眞的想問「生命的意義是什麼」這樣抽象的大問題。的確，如果生命的意義只是心理問題或日常生活中關於自我期許的實際問題，那麼似乎對「生命意義」做哲學式的探究，並不會讓人更容易找到答案。

這是一個可能的心理分析，但另一方面也有可能誤解了一般人心中眞正的疑惑。畢竟許多人都曾以「人生的意義到底是什麼？」這樣的大哉問質問過自己或他人，而非僅僅詢問「我該怎麼做出眼前這個抉擇？或者該用什麼手段才能達到下個目標？」這種實際的問題。

爲了解決以上的爭論，在這裡我們首先必須澄清**「工具理性」**和**「目標理性」**

兩者的不同：當我們運用「工具理性」進行思考，代表我們已經知道要達成什麼目標，因此只需要思考「用什麼手段（工具）能最有效達成已知目標」。另一方面，當我們運用「目標理性」進行思考，代表我們還未決定自己的目標是什麼，因此還需要思考「哪個目標值得我去追求」。

在產生關於人生意義上的問題時，我認爲，我們不是不知道如何運用工具理性，而是眞的無法決定目標，不知道爲什麼「我」在人生中應該追求某個終極目標，而不是另一個？

此外，其實在「自我期許」的思考中，當一個人決定將來要做什麼，也很自然會進一步詢問「那做這件事的意義在哪裡呢？」

「它可以幫助我獲得什麼重要的東西嗎？」

例如，一位年輕人聽從父母的勸告，決定將來要當醫生，可是仍然不斷質疑自己為什麼要當醫生。他在個人和社會期待上產生衝突，於是很可能質問自己：當醫生的意義在哪裡？有了「當醫生能夠有高收入和高社會地位、當醫生能夠幫助人」的答案，他仍然可以繼續追問下去，那麼社經地位的意義是什麼呢？為什麼我要追求高的社經地位？為什麼幫助人會有意義？

這一連串的問題，幾乎都指向一個巨大的疑惑：我的人生意義到底是什麼？

於是，從上述例子可以看出，自我期許和人生意義的問題並不是獨立的，兩者經常交織在一起。所以，即使一般人真的只是對於「個人期許」有所困惑，哲學對於生命意義的討論，仍然可以協助人在實際生活中釐清困惑和決定目標。因為，如同以下我將說明的：詢問「人生的意義」就是在尋找一個生命中「最終、最重要的價值」。

「人生的意義」是什麼意思？

首先是必要的概念釐清。細心的讀者，或許早已發現我在上述的討論中，幾乎交換使用「生命」與「人生」這兩個詞，但很顯然兩者的定義並不完全相同，即使很可能都是從英文「life」——這個具有多重意義的詞——翻譯而來。

在中文裡，**「生命」**這個詞，更親近於客觀、第三人稱、與生物學理論相關等等的意涵。**「人生」**這個詞則較接近主觀、第一人稱、不需要理論知識的具體生活經驗。例如，「生命」一詞可以用來描述除了人類以外的生物存活狀態，我們可以在不考慮「人」的情況下，從客觀理論角度去討論「生命」這個概念：生命如何出現？某個生命的存在有什麼特殊功用或目的嗎？在這樣的理解之下，討論「生命的意義是什麼？」有可能偏離一般人想要問的問題。

當一般人詢問「生命意義」的時候，即使可能混用「生命」和「人生」兩個詞，通常他們還是從具體的生活經驗出發，去思考關於「自己」人生中將來到底要追求什麼東西的疑惑。例如上面例子中，質疑自己爲什麼要當醫生的年輕人。所以，爲了避免概念上的混淆，我傾向使用「人生意義」這個詞，而非「生命意義」。

接下來我們必須問人生意義的「意義」是什麼是意思？在這裡，複雜的語言哲學關於「意義」的分析似乎沒有太大用處，因爲這裡的「意義」並不是要討論某個字詞或概念的語言意義。其實，在一般情況下質問人生意義時，「意義」指的似乎是某種有特殊價值的「目的」。這樣的說法經常見到，例如考慮以下日常對話：

春嬌：「整天工作到底有什麼意義？」

志明：「能賺錢。」

春嬌：「賺錢有什麼意義？」

志明：「賺到錢，就能更容易得到自己想要的東西啦。」

這裡的**「意義」一詞，顯然是指一種朝向特殊價值的目的**。而志明最後提供的答案，是「更容易得到自己想要的東西」。按照這樣的理解，詢問自己的人生意義，也就是在詢問自己的人生應該指向什麼樣的價值、朝向什麼特殊目的。

但這樣定義似乎並不足夠。在生活中，我們總是充滿各種想達成的目標。有業績須完成，有份報告須寫好、有部好電影記得去看、有家餐廳一定要去吃。滿足了這些目標，通常我們也不會認爲就此找尋到「人生的意義」。

這些目標雖然可能是生活必需，但我們也傾向認爲這樣的目標過於微小，而沒有對自己的人生有眞正的「意義」。（當然在某種幽默的氛圍中，或許我們會吃了一口美食，然後感嘆到：「啊！這就是人生的意義。」不過嚴肅地把這樣的享受當作人生的意義，則是一件需要分析討論的事。例如，可以從這個例子探討：享受感官上的愉悅是否為人生的意義。)

所以,在討論人生的意義時,「意義」在這裡似乎不只是單純的目的,而是有特殊價值的目的;或者可以說,「意義」在此似乎指「最終的目的」。

為什麼這樣說呢?為什麼「看完一場好電影」這類事情很難眞的完整實現人生的意義呢?

我認為:**因為當我們在這個問題脈絡中使用「人生」這個詞,指的不只是某個階段的生活經驗,而是在思考自己「整體的」人生。「人生」不是指短期的生活,而是包含過去我們所經歷過的一切,也包含所有我們對於未來的可能計畫與想望。**

所以,「人生意義」指的是「全部生活經驗所能成就的某個特殊目標」。

生活中一直存在階段性的目標,但這些目標都只是「人生」目標的一部分,階段性目標是為了某個最終目的而存在。而這個最終目的,也因此會被認為是比階段性目標更重要的東西。

這樣的解釋也說明了為什麼一般我們不認為「人生意義」在於追求某種工具性的價值,例如金錢或健康。若有人宣稱自己的人生意義就是賺更多錢,我們通常會懷疑他可能搞錯了些什麼。錢是能讓我們獲得其他許多東西的重要工具,但通常不會是最終目的。健康是人的基本需求，但同樣的，我們需要健康的身體是因為我們想要能夠在人生中實現更多其他的可能。所以錢與健康僅是工具、階段性的目標，不會是人生最終目的。

從以上的討論我們可以粗略小結：

一、「人生意義」不會是某些工具性的價值或階段性的目標。

二、「人生意義」指的是：在一個人過去和未來可能的全部生活經驗中，值得追求的最終、最重要的價值或目標。

哲學與人生的意義

於是，若一個哲學主張要提供人生意義的解答，就須說明人生終極的價值存在於哪裡，並提供理由，論述為什麼人應該去追尋那樣的目標。當哲學家完成這些任務，他也就給出了對於「人生意義」問題的實質回答。例如，西方哲學中關於「終極的好」（the highest good）❶的討論和主張，可以算是一種實質回答。一個價值如果是「終極的好」，代表它只能被當做目的，而不能是達成其他目標的手段或工具。例如，如果我們說追求知識就是最好的，也就代表追求知識不是為了其他更高的目標，而是最後也最重要的解答。不同時代的哲學家總是不斷探討什麼是對人來說最好、最終極的價值，也因此直接或間接回答了關於人生意義的問題。

舉例來說，伊比鳩魯（Epicurus）認爲「終極的好」就是獲得幸福（happiness）和愉悅感（pleasure），所以這一主張又被稱爲「享樂主義」；康德則認爲「終極的好」是道德價值（moral worth）；亞里斯多德（Aristotle）則主張追求「美滿人生」（eudaimonia / human flourishing），其中智性思考（intellectual contemplation）最爲重要。

小結

因爲篇幅的關係，在此篇文章中無法詳細介紹哲學上關於人生意義的各種實質解答。不過我們可以直覺地先把解答的路線，簡單歸納成兩大類：第一種路線爲主觀主義（Subjectivism），主張人生的意義是主觀的、只適用於自己，所以每個人會

❶「至善」是常見的中譯，不過很有可能會產生誤導。至善在中文語境中似乎只是關於道德方面的「善」，但實際上這個概念不局限於道德理論，而是指所有的價值中最好的、最值得追求的。所以在這裡簡單口語翻譯成「終極的好」或許更貼切，畢竟「終極」一詞含有最高、最重要的意思。

有不同答案；第二種路線為客觀主義（objectivism），主張不同人應該會有相同的人生意義，依照這個路線，如果我成功論述某個價值是人生的意義，那麼這個價值也必須適用於其他人，而不只是我自己。上面提到的哲學理論，例如伊比鳩魯提出的享樂主義，康德提出的道德價值，還有亞里斯多德提出的美滿人生，都是屬於客觀主義的理論。

當然，如同其他哲學問題一般，人生意義的問題也不會有不需思考的權威式答案。不論關於「人生意義」的解答是適用於所有人還是只適用於自己，我們都必須持續透過和他人溝通、論辯，加上自己的反思，去尋找最佳的解答。

思考問題

①「工具理性」和「目標理性」的不同之處是什麼？在日常生活中，我們什麼時候會運用到「工具理性」？什麼時候運用到「目標理性」？而在面對人生中的重要問題時，例如：決定要念什麼科系、決定做什麼工作、決定結婚對象時，我們又是如何交換運用兩種不同模式來思考？

②文章中是根據什麼理由認為：如果有人主張人生意義就是賺更多錢，我們通常會懷疑他可能錯了？你是否同意這樣的理由呢？

第二章

生活

關於生活問題，哲學家就要鑽牛角尖！

引言 朱家安

「我們應該相信真理嗎？」

「你問這什麼怪問題……」

「我是說，如果一句話為真，那我們就該相信那句話，對吧？」

「如果你硬要討論這個的話，似乎是這樣沒錯。」

「但是，以實際狀況來說，如果我們掌握某句話成立的證據，這個證據就會讓我們不由自主地相信那句話成立。反過來說，如果我們沒有這種證據，似乎也不該草率判斷自己要不要相信那句話，對吧？」

「好像是。」

「這樣看來，『我們應該相信真理』這句話好像有點多餘，不是嗎？」

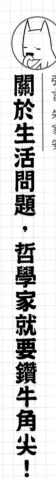

哲學家常被覺得很鑽牛角尖：為生活上的小問題付出過量心力。這是真的，不過這不是壞事，因為在抽象問題上鑽牛角尖，有時候確實會有一些有趣的結果。

在「生活」這一章，我們蒐集了各種看起來有點鑽牛角尖的問題：

莊子到底知不知道魚快樂？

上班痛苦該怎麼辦？

我們應該相信真理嗎？

不管你覺得這些問題是簡單到不需要回答、困難到不可能回答，還是無聊到沒必要回答，你難道不好奇，當哲學家把自己和這些問題關在同一個小房間二十四小時之後，會寫出什麼東西來嗎？

第一篇 張子龍

濠梁之辯，關於愛與真理的辯證（無誤）

濠梁之辯，你是說那個濠梁之辯嗎？

沒錯，就是那個濠梁之辯。

莊子與惠子遊於濠梁之上。莊子曰：「鯈魚出遊從容，是魚樂也。」惠子曰：「子非魚，安知魚之樂？」莊子曰：「子非我，安知我不知魚之樂？」惠子曰：「我非子，固不知子矣，子固非魚也，子之不知魚之樂，全矣。」莊子曰：「請循其本。子曰汝安知魚樂云者，既已知吾知之而問我，我知之濠上也。」

濠梁之辯的文字淺顯易懂，可是其中的邏輯卻弔詭難解，也因此產生了兩個爭論不休的問題：

Q1. 莊子到底是不是在詭辯？

根據漢語辭典的解釋，詭辯是「外表上、形式上像是運用正確的推理手段，實際上卻是採取混淆概念、偷換論題或虛構論據等手法，做出顛倒黑白、似是而非的推論」。

在濠梁之辯的討論裡頭，莊子主張「魚是快樂的」，遭到惠施的質疑，可是他卻沒有正面回應，而是用「讓我們回到對話的開始，你問我『如何知道魚是快樂的』，不就是已經知道我知道了才問我嗎？我告訴你，我是在濠梁之上知道的。」

只看這句話，莊子很明顯是混淆了「怎麼可能知道」和「如何知道」兩個概念，當然是詭辯。可是，眞的是這樣嗎？會不會是我們誤解了莊子的意思呢？

Q2. 莊子為什麼這麼喜歡「辯論／詭辯」？

不管莊子在濠梁之辯有沒有詭辯，讀完這個故事，我們都會困惑於爲什麼莊子這麼喜歡辯論呢？在我們的認知裡頭，莊子應該是個反對辯論，反對執著於片面是非的人才對啊！爲什麼這樣的人會喜歡辯論呢？他的行爲和思想沒有矛盾嗎？讓我們重新理解一下這個故事。

濠梁之辯，ROUND 1

莊子和惠施遊於濠梁之上，莊子說：「從容出遊是魚的快樂。」可是爲什麼呢？惠施也有同樣的疑惑，因此迎來了第一輪攻防：

惠施問：「你不是魚，怎麼知道魚的快樂？」

莊子反問：「你不是我，怎麼知道我不知道魚的快樂？」

惠施這句話可以分析成：

前提「你不是魚」，結論「你不能知道魚的快樂」。

雖然這是個簡單的條件句，但深究起來並不簡單。這裡的「你不是魚」有兩個可能的解讀：

一、「不同種族」不能相知。

二、「不同個體」不能相知。

我們不知道他的意思到底是哪一個。而莊子則把惠施的意思理解爲第二種，因此反問「如果不同個體不能相知，那你怎麼知道我不知道？」

在這裡，莊子沒有直接回答他是怎麼知道魚是快樂的，而是反過來質疑惠施的前提可能得出矛盾的結論。

濠梁之辯，ROUND 2

接著第二輪攻防，惠施順著莊子的話再回應：

「我不是你，所以不知道你怎麼想的；同樣的，你也不是魚，所以不知道魚是怎麼想的。這樣前提和結論之間的邏輯就完備啦。」

在這裡，惠施反過來拿莊子的質疑做爲支持「不同個體不能相知」這個前提的證據，主張莊子的質疑不但沒有證明惠施的推論會產生矛盾，反而幫他證明了他的前提。到這裡惠施的推論確實是完備了——**問題是，這只是在循環論證**。因爲莊子的「你不是我，怎麼知道我不知道魚的快樂？」並不是一個「事實的判斷」，只是**使用歸謬法，假設惠施的前提爲眞**所得出的結論，不能反過來成爲支持前提的證據。

濠梁之辯，ROUND 3

最後是第三輪攻防，莊子的總結：

莊子說：「請讓我們回到問題的開始，你問我『怎麼知道』，就是已經知道我知道了嘛。我告訴你，我是在濠梁上面知道的！」

如同前文說明，對於這個回應，普遍的認知是莊子曲解了「子安知魚之樂」這句話，混淆「激問」（你怎麼可能知道！）和「疑問」（你是怎麼知道的？）兩個不同的概念。如果只看到這個層次，你大概會判斷莊子是在詭辯。可是如果回看上一輪的攻防，就可以發現，莊子其實只是又一次的使用惠施的推論方式來反擊：「如果你可以用『從你的前提推出的結論』來支持自己的論證，那麼我爲什麼不行呢？」

依照如此整理，那段對話就會變成這樣：

莊子：「我知道魚是快樂的。」

惠施：「因爲『不同個體不能相知』所以『你不知道魚的快樂』。」

莊子：「**如果『不同個體不能相知』那麼『你也不知道我不知道魚的快樂』**。」

惠施：「因爲『我也不知道你不知道魚的快樂』所以『不同個體不能相知』。又因爲『不同個體不能相知』所以『你不知道魚的快樂』。我的邏輯沒有問題。」

這裡要注意，莊子的回擊是**「假設惠施的前提是對的，然後質疑：如果這個前提成立可能會推出矛盾的結論」**，結果看來，惠施的推論不會產生矛盾，可是惠施不能拿莊子的這個假設來證明自己的前提是對的，這是循環論證。

沒有矛盾，不等於就是眞的。——這是非常重要，卻容易被人們忽略的事情。

如果沒有矛盾，就是眞的，那麼莊子也可以自圓其說：

「你問我怎麼知道的，就表示你知道我說了『我知道魚是快樂的』，那麼因爲『我知道魚是快樂的』所以『我知道魚是快樂的』，這不就證明了？」

所以，莊子不是詭辯，而是再一次地使用「歸謬法」指出惠施的錯誤。

好的，我們回答完了第一個問題：**莊子不是詭辯**。同時，我們也可以把第二個問題「莊子爲什麼這麼喜歡『辯論／詭辯』」的詭辯拿掉了，可喜可賀！

不過值得注意的是，莊子到最後也沒有成功證明「我知道魚是快樂的」，他只證明了「惠施也沒有證明我不知道」，因此接下來我們還可以追問：**「碰到這種狀況的時候要怎麼辦？」**

有些主張認爲「提出信念的人需要主動證明」，有些認爲不用——關於這個問題，可以談得很多，而本文的重點主要是放在「莊子沒有詭辯，他只是使用歸謬法證明惠施的邏輯也不成立」，至於「惠施的邏輯也不成立」之後，莊子必須主動提出證明，還是不需要證明？這就留待讀者自行思考了。

所以，莊子為什麼這麼喜歡辯論呢？

我的看法是，莊子喜歡辯論，一方面可能是性格使然，另一方面是因爲這樣做才合乎他的思想。

換句話說，莊子的行爲和思想沒有矛盾，如果他不喜歡辯論，才是矛盾！

我在〈陳文茜的黑暗兵法：從《公投法》爭議看莊子的處世之道〉這篇文章裡面，曾經使用「朝三暮四」的故事，簡單介紹了莊子的處世之道：

不管是「朝三暮四（是）」還是「朝四暮三（非）」都只是總共七個（道）的某個面向，不需要執著於任何一個，明白這個道理的狙公，也就是莊子口中的聖人，才得以在不改變自己「總共七個」的前提下，滿足猴子的要求，達到「名實未虧」的結果。

莊子理想的聖人，是在面對爭議的時候，可以不被表面的是非所迷惑，並能調和衝突的雙方。

所以的確，對於聖人來說，沒有必要執著於是非，就像沒有必要執著到底是「朝三暮四」還是「朝四暮三」，只要結果都是七就好，他不會跑去和猴子辯論，也不會想要教育猴子。因爲不管如何，最後結果都是七，他不會這麼做。

可是他要怎麼知道，不管「朝三暮四」還是「朝四暮三」，最後結果都是七呢？

儘管他知道「所有是非判斷都只是片面的」，他也知道不管「朝三暮四」還是「朝四暮三」都是片面的判斷，可是不經過正反思辯，他不一定有辦法知道這個「是」對應的「非」是什麼，他更沒有辦法知道這些「是」與「非」背後的共通點又是什麼。更糟的狀況是，他不但沒有辦法知道「結果都是七」，甚至陷入了「朝三暮四」或者「朝四暮三」的片面判斷而不自知。

不只是消極地爲了避免陷入片面的是非判斷，更是積極地希望掌握調合人世間片面的是非判斷能力。

因此，他需要辯論，不管是和他人還是和自己辯論。

——**當然，不會是和猴子辯論**。

所以，他在濠梁之上辯論的對象不是別人，是惠施，而不是魏惠王或者楚威王——楚威王邀請莊子出仕的時候，莊子說他只願意做個在泥巴裡打滾的烏龜；而魏惠王，還是因爲惠施的拜託，莊子才勉爲其難的和他說了「蝸角之爭」的故事。

如果想要更加深刻地理解莊子和惠施的關係，我們可以試著比較一下，莊子對待老婆的態度，和對待惠施的態度有多麼大的不同。

首先讓我們來看看「鼓盆而歌」這個故事裡面，莊子是怎麼面對老婆過世的：

莊子的老婆死了，惠施前去弔唁，卻看見莊子坐在地上，敲著瓦盆唱歌。

惠施生氣地說：「你的老婆和你一起住了這麼久，幫你生了孩子，她死了你不難過，反而在唱歌？」

莊子說：「不是這樣的，你聽我說，她剛死的時候，我也很難過，可是想到人本來是沒有生命的，不但沒有生命，連形體都沒有；不但沒有形體，甚至連氣息都沒有。但是在似有若無的變化當中，有了氣息，氣息變化有了形體，形體再變化有了生命。現在我老婆死了，只是回到原來的樣子，這就像四季運行的道理一樣自然啊！如今她安然地回歸天地，如果我還為此悲傷痛哭，不是太不通達天理了嗎？所以我才不哭的啊！」

老婆死了，有點難過，但是很快就想開了，並且開心地唱歌。這是莊子對待老婆去世的態度，但是換成惠施呢？

有一次莊子替人送葬，經過惠施的墳墓。他沉默良久，然後對身邊的人說：「聽說在郢（ㄧㄥˇ）這個地方有個勇敢的人，有一次他在鼻尖塗上了一層和蒼蠅翅膀一樣薄的白粉，再請他的朋友匠石用斧頭把這白粉削去。匠石的斧頭揮舞得像風那麼快，只聽見呼的一聲，白粉完全被削去，他的鼻尖卻絲毫沒有損傷，他也站在原地面不改色。

「宋國的國君聽說了這件事情，於是他派人把匠石請來，對他說：『我也想試試看！』匠石卻說：『我以前確實可以做到，但是現在已經不行了，因為能讓我這麼做的人已經不在了。』

我也一樣，自從惠施死後，我就沒有對手，沒有可以交談的對象了。

因此我們可以得出三個結論來回答第二個問題：

一、莊子喜歡辯論，是爲了避免陷入片面的判斷。

二、莊子喜歡辯論，是爲了掌握調合是非的能力。

三、莊子喜歡辯論，是因爲他深深地愛著惠施。

思考問題

小明：「死刑就是國家殺人，如果你覺得殺人是錯的，你也不應該支持死刑，不然就是自相矛盾。」小華：「國家殺人和個人殺人不同，因為國家擁有公權力，所以我沒有自相矛盾，我們應該支持死刑！」

① 你覺得是小明說得有道理，還是小華有道理呢？

② 如果你支持小明，你應該怎麼反駁小華的說法？

我們應該相信真理嗎？（這不是廢話嗎!!!）

第二篇 黃頌竹

「truth」這個英文單字經常翻譯成「眞理」。但其實英文的「truth」一詞有一種特定的用法，似乎是中文的「眞理」無法捕捉的。

英文的「truth」在某些脈絡下，只是要指稱那些「爲眞的語句或命題」（這篇文章每次談到「語句」時，都應該像這樣把「語句」和「命題」並列，不過爲了簡潔起見，以下會省略「命題」，僅以「語句」爲例）。例如「雪是白的」或「紅花是紅的」，都算是truth，但在中文的語言裡，我們似乎不會稱它們爲「眞理」。這是因爲中文的「眞理」蘊涵比「眞語句」更豐富的內容，它通常指稱那些正確、眞實而且重要的道理。比如關於人生該何去何從、關於天道、關於人倫……等等的道理。

但是由於中文裡並沒有其它比「眞理」還要更接近英文「truth」的語詞，因此那些在寫作上不想另造新詞，也不想彆扭地使用「眞語句」「眞命題」等說法的中文哲學家，只好將就這個不完美的翻譯。本篇文章談到的「眞理」，就只是要指稱那些眞語句，而沒有更多的意涵。

回到文章的標題：我們應該相信眞理嗎？這個問題乍見之下好像是個很瑣碎的問題，我們當然應該相信眞理啊，不然我們難道應該相信假話嗎？我剛看到這個問題的時候心裡也是這樣想的，但那些不知究竟是腦袋太糊塗還是太清楚的哲學家會告訴你：「代誌嘸是像恁憨人想得那麼簡單！」對於「我們應該相信眞理」的說法，哲學家至少提出了兩個質疑：

我們應該相信所有的真理嗎？

如果你一下子沒看懂這個問題和文章標題的問題有什麼差別，這是正常的，我一開始也沒看懂。（如果你立馬看懂了，請讓我拜你爲師！）這個質疑的出發點，是要解決「人應該相信眞理」這個要求的歧義。其中一種理解的方式我們可稱爲「充分觀點」：

只要某個語句爲眞，任何人都應該相信它。

充分觀點主張，當某個語句爲眞，這就構成你去相信它的充分理由。因此，在這個理解之下，只要有任何語句爲眞，任何人都應該相信它，如果有人不相信它，那個人就違反了這個規範的要求，因此犯了一些認知上的錯誤：「相信」是一種認知活動，如果「人應該相信眞理」是規範這個認知活動的有效規則，這便意味著正確的認知活動都必須符合這個規範。

但這樣的理解會有令人難以接受的後果，因爲這世界上爲眞的語句實在太多了，比如「我現在有幾根頭髮？」這個問題是有正確答案的，而且這個答案會是一個眞語句，但大概不會有人眞的

同意說，如果沒去相信那個描述我現在有幾根頭髮的語句（畢竟我根本不知道自己現在有幾根頭髮），我就犯了什麼認知上的錯誤。

像這樣瑣碎而沒有任何重要性的眞語句多如牛毛，就連我家的大黃牛身上共有幾根毛也有一個眞語句做爲它的正解，但沒有人「應該」要相信那個解答，因爲沒有人「應該」要探究這些無聊的問題。

爲了擺脫這個「人必須相信太多不重要事情」的困境，一些哲學家想了另一種用來刻畫「人應該相信眞理」的方式。「充分觀點」的問題在於，只要一個語句爲眞，它就要求任何人都應該相信這個語句，而這顯然要求太多了。因此，一些哲學家主張顚倒過來，把「語句爲眞」當作「應該相信它」的必要條件。如此一來，這個規範就不會要求我們去相信所有眞語句，而是要求我們在面對語句，並決定是否要相信它時，先確認它是眞的，然後才相信它。這種理解方式可稱之爲「必要觀點」：

只有在某個語句爲眞時，人才應該相信它。

「必要觀點」把「語句爲眞」當成「人們該去相信那個語句」的必要條件，換句話說，它僅僅要求人們不要去相信不爲眞的語句，而沒有要求人們去相信任何爲眞的語句，因此巧妙迴避了「充分觀點」的困難。但在哲學討論中，凡事都不能高興得過早。即使這個修正可以解決前述的問題，但它依然面對另一個難解的困難。

「規範」就是在什麼情況下做什麼事

不管是「充分觀點」還是「必要觀點」，都是在指引人的行爲（主張人應該如何做）。哲學家把所有企圖指引行爲的說法，都稱爲「規範」。格綠爾（Kathrin Glüer）和葳可弗絲（Åsa Wikforss）在二〇〇九年發表的一篇論文中，介紹一個用來分析「規範」的普遍形式。這兩位哲學家認爲，規範指引人們行動的方式，在於指出一個情境，並要求人們在確認該情境發生後，採取某個行動。根據這個描述，所有規範都可以被翻譯成下面這個形式：

在某情境中做某行爲。

例如：

上課時，不要講話。

當選後，做好做滿。

若我們以充分條件來理解規範，它可以被寫成：「只要在某情境中，就做某行爲」；若以必要條件來理解規範時，它可以寫成：「只在某情境中做某行爲」。一旦我們掌握了一個規範（無論是具有充分條件或必要條件形式的規範都一樣），要遵守這個規範，或根據這個規範的指引來行動時，我們必須經過兩個步驟：

A 判斷現在是否符合規範描述的情境。

B 根據 A 的結果來決定是否做規範要求的行爲。

舉例來說，買賣交易要賺錢的基本原則就是「買低賣高」，這是對（會賺錢的）買賣交易行爲的規範：

商品價格低時，買進；商品價格高時，賣出。

其中「商品價格低／高」就是規範描述的情境，「買進／賣出」就是規範要求的行爲。爲了要遵守這買賣交易的規範，我們需要先判斷：現在的商品價格是高是低（A），並根據我們關於商品價格是高是低的信念，採取買進或賣出的行爲（B）。如果我們相信現在的商品價格偏低，就買進商品；反之，如果我們相信商品價格偏高，就賣出存貨。任何規範如果要發揮指引行爲的功能，都具備這樣的作用機制。

真理無法規範信念

然而，這跟眞理有什麼關係呢？格絲爾和葳可弗絲的重頭戲就在於他們指出，若我們接受上述對於規範的分析，那麼，任何把「眞理」當作情境條件來規範「信念」的規則，都沒有任何用處。以「必要觀點」爲例，此規範描述的情境是「一個語句爲眞」，要求的行動是「相信該語句」。因此，若一個人要遵守「必要觀點」，他必須：

一、判斷自己是否處在規範描述情境中（也就是判斷「該語句爲眞」是否成立）。

二、並且只有在他相信「該語句爲眞」時，才能讓自己採取「相信該語句」的行動。

但這裡出了一個問題：如果當事人在決定「是否相信該語句」以前，就已經先相信「該語句爲眞」了，那個人又何必再決定去相信該語句？畢竟他已經相信了。反之，如果那個人還沒有任何關於該語句是否爲眞的信念，那個人就無法根據這個規範來決定是否要相信該語句，因此他根本無法使用這個規範。根據格綠爾和葳可弗絲的說法，若你在日常生活上使用「必要觀點」，恐怕只會引來這樣的結果：

小格：只有在妳相信「某件事情是眞的」的時候，妳才應該相信那件事。

絲絲：蛤？

雖然我是用「必要觀點」來說明這個質疑。但它其實同樣適用於「充分觀點」，只是由於在充分條件的理解下，眞理規範有更嚴重的問題，所以才沒有談到這個質疑。

我們應該相信真理嗎？

如果你一開始對這個問題的反應，如同我在文章一開始描述的，認爲「這不是廢話嗎？我們當然應該相信眞理啊！」我相信以上兩個質疑應該值得令你重新開始思考這個問題。

思考問題

①我們是否應該相信真理？如果答案是否定的，你的選項會是什麼？例如，美國知名的實用主義哲學家詹姆斯（William James）曾經主張，如果相信一件事能夠為人們帶來的好處大於壞處，我們便應該相信那件事。如果這是對的，只要你真心地相信「1＋1＝3」，就會得到高額的獎金，所以你就應該相信「1＋1＝3」，你同意嗎？

②有人認為，我們應該相信一件事，並不是因為那件事是真的，而是因為那件事背後有良好證據支持：理性上我們就是應該相信有證據支持的事。但有人持相反看法：之所以我們在理性上應該相信有證據支持的事，正是因為證據能幫助我們發現真理，所以真理比證據更根本。你同意哪一種觀點呢？證據是否能夠獨立於真理，讓我們有理由相信一件事？

第三篇 張智皓

價值一百萬的哲學決策——紐康難題

生命中有許多時候，我們面臨必需做決策的情境。而當我們需要做決策時，總會希望自己的決策是理性的，因此「決策理論」成爲一項重要的議題。在決策理論的討論中，哲學家期望爲「理性決策」給出一套理論，期許在任何情況下，當我們需要做抉擇時，只要依循這套理論，我們就可以得出眞正的理性選擇。

然而，我們知道哲學家總是喜歡透過各種稀奇古怪的例子，來測試自己的理論。在這篇文章中，我要介紹一個著名的決策理論案例，它不僅惡名昭彰，更困擾著許多決策理論學者，它的名字叫做「紐康難題」（Newcomb's Problem）。

紐康難題

設想你今天面臨這樣的處境：面前有兩個盒子，一個是透明的，你看到裡面裝了一千元。另一個是不透明的，你不清楚裡面有多少錢。此時，你被告知幾項資訊：

一、你可選擇只拿不透明的盒子，或者兩個盒子都拿走。

二、有一個預測能力非常可靠的惡魔（從來沒有預測出錯過），他會在選擇前就預測你的行為，並做出相應的反應。

三、如果惡魔預測你只拿不透明的盒子，那麼它會在裡面放一百萬元。如果惡魔預測你兩個盒子都拿，那麼它不會在裡面放錢。

現在，問題來了：怎麼樣選擇才是理性的？只拿透明盒子，還是兩個都拿？

選擇一：只拿不透明盒子

理性選擇當然是只拿不透明的盒子。既然我們都知道惡魔的預測能力非常神準，那麼我如果選兩個盒子，惡魔肯定預測到了，它就不會在不透明盒子裡面放錢，那我就只能獲得一千元。如果我選不透明盒子，它也肯定預測到了，不透明盒子裡面就會有一百萬元。所以，根據這個故事，選一個盒子可以獲得一百萬，選兩個盒子可以獲得一千元，理性選擇是選一個盒子。

這選法看起來很合理，也有非常多人支持。但是，這不是唯一合理的選項，讓我們看看另外一種完全相反，看起來也十分合理的選法。

選擇二：兩個盒子都拿

理性選擇當然是兩個盒子都拿。既然我已知道惡魔的預測在時間上先於我實際的選擇，就表示當我實際要做選擇時，不透明盒子裡面要嘛有放一百萬，要嘛沒放一百萬，固定下來不會改變了。換言之，不會因我實際選擇拿了不透明盒子後，就從原本的有錢變成沒錢，或者從原本的沒錢變成有錢。因此，現在只有兩種可能情況：（1）不透明盒子裡面有錢，如果選兩個盒子都拿，可得到一百萬又一千元，

可是如果只拿不透明盒子，只能獲得一百萬元。（2）不透明盒子裡沒錢，我兩個盒子都拿，可得到一千元，只拿不透明盒子，獲得零元。顯然，不管不透明盒子裡面有沒有錢，選擇兩個盒子都拿，都會比只拿不透明盒子還要多得一千元，所以，理性選擇是兩個盒子都拿。

這選法好像也很有道理，也有許多支持者。那麼，到底我們應該怎麼選擇呢？

兩種理性選擇理論

上述兩種說法看起來都很有說服力，不管我們的直覺傾向於哪一方，好像都無法很清楚地說明另外一邊到底「錯在哪裡」。在決策理論的文獻中，哲學家各自分析了這兩種選擇方法，並且分別說明這兩種選擇方法所預設的理性決策理論。

因果決策理論

如果你認爲兩個盒子都拿才是理性的，這代表你採取的決策理論是「因果決策理論」（Causal Decision Theory）。根據因果決策理論，選擇能夠在因果上帶來最好預期結果的選項，才是理性的選擇。當我們做決策時，需要考慮行爲與結果之間是否具有因果關係：行爲是否能夠導致結果產生。

回到紐康難題中，我們會發現實際的選擇行爲，不會導致不透明盒子裡面有錢與否。如前所述，實際上要做選擇時，惡魔已經預測完畢。因此，不透明盒子裡面是否有錢，早已經決定好了，我的選擇不會有任何影響。

我不能將「如果我只選擇拿不透明盒子，裡面就會有一百萬」，當作理由來做決策。如果這一點不能當作理由，那我們唯一能夠用來當作理由的只有：不論不透明盒子裡面是否有放錢（情況1或2），選擇兩個盒子都拿，都比只拿一個不透明盒子還要多得一千元。因此，理性選擇是兩個盒子都拿。

證據決策理論

如果你認爲只拿不透明盒子才是理性的，這代表你採取的決策理論是「證據決策理論」（Evidential Decision Theory），根據這個理論，選擇「有好證據顯示能達到預期最好結果」的選項，才是理性的選擇。我們要注意一點，這兩種理論在描述上看起來很相似，但實際上有很大的不同。決定性差別在於，證據決策理論在乎行爲與結果在統計上的關聯性，它不在乎行爲與結果之間是否具備因果關係。換言之，只要行爲與結果擁有統計上的高度相關性，就足以用來作爲證據。

回到紐康難題中，由於惡魔過去沒有出錯過，這表示我們有好證據顯示惡魔預測能力高度可靠。那麼，拿一個不透明盒子的預期結果幾乎就會是獲得一百萬，兩個盒子都拿的預期結果幾乎就會是獲得一千元。證據決策理論會得出的結論是：我們應該要選擇拿一個不透明盒子。

小結

經過前述分析，我們可以看到哲學家透過理論化的方式，具體診斷出爭議的焦點所在，讓我們可以更系統性地考慮這個問題。這兩個理論的目標都是追求效益極大化（這看起來也是所有決策理論的共同目標）。然而，在做理性決策時，我們到底應該採取證據決策理論，還是因果決策理論？我無法在這篇文章中給出答案，就如同其他哲學理論一樣，這個問題的答案目前也沒有共識。

有的哲學家認爲證據決策理論是對的，有的則否。有些哲學家主張這兩個理論都是對的，只是它們適用於不同的脈絡；也有些哲學家主張這兩個理論根本就沒有本質上的差異，在某些條件下，兩個理論其實是同一種理論。

思考問題

①你比較傾向支持證據決策理論，還是因果決策理論？

②試著想想看，有沒有什麼例子明顯支持上述的其中一種決策理論，卻不支持另外一種？如果有，這個例子是否能幫我們區分這兩種決策理論的優劣？

是超譯尼采還是超渡尼采？

第四篇　陳冠廷

相信對於許多人而言，哲學閱讀的第一個敲門磚是朱家安的《哲學哲學雞蛋糕》，他的文章透過簡明的分析，清楚說明許多不甚清楚的概念，但總是會有人覺得這種談法有點索然無味，並認爲哲學應該更加貼近生命、更加玄妙。對這些人來說，尼采應該是蠻符合期待的一位哲學家。但尼采的用語就像是謎語一樣，正常人根本就看不懂。於是有一種產品出現了——白取春彥「編譯」的《超譯尼采》！

《超譯尼采》不只賣得好（日本賣了一百多萬本），甚至出了第二集。對於我們這些哲普寫作者而言，實在難以望其項背！但普遍來說，這本書並不受到哲學人的推薦與喜愛，甚至是鄙視與排斥，原因正在於它「超譯」了尼采。超譯？它到底做了什麼呢？簡單來說，這本書雖然掛著尼采的名字，但在內容上卻是斷章取義，甚至是把好些尼采沒說過、文章裡頭沒出現過的東西也套在了尼采頭上。相關說明可詳見 Wenson 的隨筆網站〈《超譯尼采》——哲學如何讓你發大財!〉。

但你知道尼采也在超譯別人嗎?

哲學人不喜歡超譯了尼采的《超譯尼采》。但尼采自己的作品《悲劇的誕生》本身其實也有大量超譯。尼采本來是念古典語文學的,因爲天資聰穎、靈光煥發,二十四歲時就被老師推薦到瑞士巴賽爾大學任教。要當教授,總是要寫些東西出來交代,於是尼采就寫了他的第一本著作:《悲劇的誕生》。然而,這本書出版後受到當時學界的猛烈批判,連尼采的老師也認爲這傢伙的學術生涯完蛋了。

怎麼會這樣呢?原來尼采在詮釋希臘悲劇的時候,並未遵循嚴格考證,反而把某些時人的哲學觀點,當成是希臘悲劇展現的精神。因此書中就出現了明明在談希臘悲劇,卻突然出現德國十八世紀著名詩人席勒詩句之類的狀況。

看到這裡,有些讀者可能會爲《超譯尼采》叫屈,認爲「尼采你活該啦,誰叫你以前要超譯別人,現在被超譯只是剛好而已!那些討厭《超譯尼采》的哲學人實在太偏心、太小心眼了!爲什麼尼采就可以超譯希臘悲劇,把尼采時代的哲學觀點套在希臘悲劇頭上,但白取春彥就不可以超譯尼采、把自己的話套在尼采身上呢？難道只是因爲尼采比較大咖而已嗎？難道尼采的超譯就是哲學作品，而白取春彥的就不算嗎？」我認爲不是這樣的，以下則將做簡單的說明。

第一種有意義的超譯：弦外之音

有些超譯確實是可以忍受、甚至可能是有價值的，因爲它說出了藏在作者話中的弦外之音，講出了可能作者自己都未曾意識到的重要面向。

二〇一五年六月，柱柱姐還是國民黨總統候選人的時候，以一句

「我們不是先知」來談美國政治哲學家羅爾斯的「無知之幕」和修憲問題，當時被許多人給罵翻了，說杜杜姐根本是不懂裝懂。確實，杜杜姐的專長並不是政治哲學，這段援引羅爾斯的話本身可能並沒有經過仔細的思量，可能只是剛好看到羅爾斯是大咖，透過超譯羅爾斯來增加自己論述的合理性。這當然不是我所謂的「好超譯」。

有意思的是，在杜杜姐超譯完羅爾斯之後，加州大學哲學博士生陳以森卻再次透過超譯洪秀柱的話，更妥善顯示出杜杜姐的話其實符合了羅爾斯的意旨。在〈洪秀柱、無知之幕、承諾的張力〉這篇文章裡（見本書第三章第四篇），陳以森認爲，洪秀柱的「先知說」雖然乍看之下跟「無知之幕」（the veil of ignorance）牛頭不對馬嘴，但羅爾斯之所以會談論無知之幕，其實是爲了談「承諾的張力」（the strains of commitment）問題：

> 如果每個人都僅爲了自利的考量而建制一套不好的制度，那麼當他/她成爲這套制度中的弱勢者時，便會因此無法回過頭來批評和改變制度。

陳以森認爲，從這角度看來，洪秀柱的發言並不算是過分偏離、甚至頗契合羅爾斯的意旨。從杜杜姐的原文來看，當中並沒提到「承諾的張力」一詞，她唯一提到的羅爾斯式詞彙就是「無知之幕」。在這意義下，你確實可說陳以森是把杜杜姐沒說過的概念套給了杜杜姐。但是，陳以森的「超譯」，卻能呈現杜杜姐談話中眞正的重點和意義，讓我們可以有更合理的理解和討論。這是第一種「超譯」的功能。

第二種有意義的超譯：哲學新主張

第二種有意義的超譯並未說出作者的弦外之音，但是我們卻仍然認爲它是有價值的，因爲它說出了某些洞見：嶄新的哲學主張。

不知道大家是否聽過這麼一句話：「這裡是羅德斯島，就在這裡跳躍吧。」（這也是AKB48的專輯名稱喔XDD）在《伊索寓言》裡，這句話原本的意思是指「事實勝於雄辯」：

有個自大的傢伙不斷向人炫耀自己很會跳遠，在羅德斯島上屢創佳績，並說不信的人可以去問問當地居民；於是就有人對他說，你就當這裡是羅德斯島，跳一次給我們瞧瞧吧！

但是，這句話在黑格爾的用法中，卻不是這麼一回事。在《法哲學原理》中，這句話是用來說明哲學的任務。黑格爾認爲哲學的任務是把握現實的事物，掌握其中蘊含的內在道理，而不是去設想某種超越時代的未來，因爲哲學也不過就是特定時代氛圍中的產物。他強調：如果有哲學想要跳出自己的時代，去設想在未來的世界應當如何，就有如人跳出自己的時代，跳出羅德斯島一樣愚蠢。

若我們依照《伊索寓言》的脈絡去理解，黑格爾引述的那段話，和他想要談論的主題沒有太大的關聯。可以想見伊索絕對沒想過這種事，而黑格爾也沒有揭露伊索未能在寓言中講出的重要訊息。但是，這仍然是個可以接受的超譯，因爲黑格爾藉此表達了洞見、提出了自己的哲學主張。他提出的是看待哲學的一套方法，並透過超譯這段寓言來說明。

回到尼采與《超譯尼采》吧！

我認爲《悲劇的誕生》是第二種有意義的超譯，因爲在該書中，尼采藉由超譯提出了嶄新而有意思的哲學主張。這本書中有兩個重要的象徵，分別是「光輝和諧有序的光照神阿波羅」以及「狂亂、非理性以及生命元素的酒神戴奧尼索斯」。尼采認爲，戴奧尼索斯這種象徵著狂亂與非理性的部分，其實更爲根本，而古希臘人的文明本身之所以會創造出酒神祭與悲劇，是由於他們能在自身文明之中看到被掩蓋的非理性元素。尼采認爲這是所有文明中獨一無二的現象，並主張對於身處在理性時代下的人們，應該向希臘人借鏡和學習。尼采或許超譯了古希臘人的悲劇，多講了一大堆沒有考據資料支持的主張，但這其實是他對於當時歐洲的文化診斷，試圖在當時的文明和諧與秩序中，找出某些更爲深層、更爲根本、更接近人性的部分。

那《超譯尼采》呢？顯然的，它不會是第一種超譯，因爲它並不是要幫尼采抓出一些思慮不周的部分，讓讀者更能理解尼采的話：如果這是白取春彥的目的，他就把作者的文字斷章取義了。那麼，《超譯尼采》是第二種超譯，試圖提出某些哲學主張嗎？也很難是。《超譯尼采》是單篇語錄集結的書，每一篇都只簡單地提出一段作者對於尼采的「超譯」後，就進入下一篇，沒有任何進一步的說明。乍看之下，它超譯了尼采，但看起來它似乎沒有要提出什麼樣特別的哲學主張。當然，或許有好些讀者認爲自己在《超譯尼采》中得到了某些行爲、生活方向的指引，這難道不也是種哲學嗎？

有些批評者認爲，在這種情況下，《超譯尼采》的內容就是一種「正向心理學」而不是哲學。把正向心理學講成哲學，對兩方而言都不公平，而且有欺騙之嫌。若把《超譯尼采》理解爲正向心理學著作，我會同意它在現況下跟哲學相差甚遠。但我也認爲，它有成爲哲學的潛能。比如說，在《超譯尼采II》中提到：「不管活到幾歲都能改變自己的人生」（第一三三頁），這句話鼓勵人們，只要有改變的念頭與勇氣，就能夠如己所願蛻變成美好的自己。這話可能是對的，也可能爲錯。但它爲什麼會是對的呢？不知道，白取春彥並沒有提供說明，沒有把這句話的合理性展示出來。或許這句話可能是對的，但是這就如同壞掉不會運轉的時鐘每天也會準點兩次一樣，這種正確好像只是碰巧的。

沒有合理說明，就不能算是提出哲學主張。因爲哲學是思辨與說理的活動，不是斷言的活動。白取春彥其實已經假定了這句話就是對的，並且希望透過這句話對人們產生安撫並給予希望的效果。

那爲什麼說它具有哲學的潛能呢？因這個斷言其實可延伸出好些經典的哲學問題，如果這句話是對的，那就意味著人並不完全被自己身處的某些社會現實給決定，所以我們具有改變的可能；有沒有覺得好像有點熟悉呢？沒錯，這是二〇一五年法國哲學會考的考題（笑）。當然，這種解讀也是我對《超譯尼采》的超譯就是了。

思考問題

①日常生活中常會看到很多斷言式的短語，像是LINE收到的長輩圖，或是慈濟出了好幾本的靜思語集。這些話看起來都頗有哲理。那它們算是哲學作品嗎？

②在哲學討論中常出現一種現象：後代哲學家會透過自己的一套方法來理解與詮釋前代哲學家。這些詮釋有時會多講了一些前人文章裡不曾出現的字句或概念。比如邁可・桑德爾在《正義：一場思辯之旅》一書提到，他認為羅爾斯的自由主義哲學是不沾鍋自由主義，過分強調政府保持中立、「無羈絆的自我」觀點，引發社群主義哲學家們的批判。翻閱羅爾斯一九七一年《正義論》一書，並無以「無羈絆自我」一詞描述自己的理論。那麼，桑德爾所為是「超譯」嗎？如果是，能用什麼方式來看待與評價這些超譯行為呢？

第五篇 梁靧

上班很苦嗎？漢娜．鄂蘭和莊子來救援啦！

一九五八年，德國哲學家漢娜．鄂蘭（Hannah Arendt）出版《人的境況》，她在書中對於現代資本主義社會迫使人們成爲「勞動動物」進行嚴厲的批判。時過五十多年，我們仍然沒能逃脫勞動動物的困境。

積極生活三概念：勞動、工作、行動

漢娜．鄂蘭將歷史上人類的積極生活區分成：勞動（labor）、工作（work）、行動（action）。關於這三個字詞，今日我們時常混談，但鄂蘭認爲，在西方字源學的脈絡下，這三者有著明顯的區隔：

- **「勞動」**：以維持生活爲目的，爲生活的必需而產出。勞動永不停止，也不企圖創造任何永恆的事物。勞動不斷周而復始，所有的努力是以立即消費作爲呈現。

- 「工作」：以技藝者的姿態呈現。舉凡古典社會當中的建築、雕刻、書畫、文章等，都是對於技藝極致的追求。其爲留下名山事業於世界，其產物常是恆久的。
- 「行動」：是三者中較特殊的概念，指的是人自由地對公衆進行互動，向他人呈顯出自己的故事。在現代相近的例子如：表演藝術、公共演說。對鄂蘭來說，「行動」是人類「自由」的充分展現。

「勞動」的古今對照

在古希臘時期，「勞動」僅爲奴隸的生活形態。爲了維生，奴隸必須忍受社會結構對他所施加的必然、以及主人對他的統治。但「幸福」的先決條件卻在於生活上的「自由」，而「自由」的先決條件卻又是一種能排除只以維生爲主要目的之生活方式。

隨著現代化社會發展，「勞動」從原有家庭私領域中所附屬的奴隸型態，被解放至維繫公領域社會運作的分工之中。現代社會每個人的職業身分，都是基於「勞動」而作，基於維生而爲。再也沒有古代人才有的：純粹爲了追求技藝極致的「工作」、純粹追求個人「行動」上的理想而出現的職業。即使在學術、藝術、政治這類與產品製造出來較遠的領域，人依然無法擺脫以下困境：

學術：在古代可以有大思想家，但在學術分工的今日，所有思想者都要為升等產出、教評、以及服膺分工的要求而思考，要以思想為職，也是為了維生而思。

藝術：只有極少數的人可以自由無虞地創作，在商品化與傳媒化的現代，支撐藝術商品化的是普羅消費大眾的市場取向，比起古代來說，以純藝術為職少見的很。贊助「商」以投資取向衡量藝術品，再也難以得見因偶然的伯樂之識，而純粹默默收藏以支持其生計的人。

政治：現代民主化後，檯面上的政治人物必須考量選票市場需求，從政者無法純粹地成為一名理想者，投身政治變成一種在各方利益間的平衡。政治成為市場迎合，政治參與更不是古希臘所強調的人類必要德性、也不是中世紀所見的獨領魄力。

於是，現代化社會成為純粹以市場為考量的社會，人們用商品購買力來判斷彼此的地位，從事無法商品化的「工作」或「行動」的人，被視為魯蛇（想想看那些吃不飽的藝術家）。

不管是右派起源的亞當斯密，或左派起源的馬克思，均將「勞動」視為理論的核心地位，而非對勞動這一大前提做出進一步的質疑。因爲「勞動」一詞與商品製成相連，人們鄙視沒有產值的事物。

「勞動」有什麼不好？

也許有人會問，成爲一個「勞動動物」又有什麼不好的？雖然勞動以維生爲目的，但這也代表不斷勞動可帶來更好的物質條件，不是嗎？答案很簡單，套句鄂蘭的話來說：

當可怕的必然性使勞動對於維持生計來說變得不可或缺時，卓越便是我們最不可能從中期望獲得的東西。

甚至，鄂蘭還對勞動動物的物質追求下了更強烈的評語：

勞動動物的空餘時間只會花在消費上面，留給他的空閒時間越多，他的欲望就會變得更貪婪、更強烈，這些欲望也會變得更加精緻，以至於消費不再限於必需品……因為只有勞動動物（而不是技藝者或行動者）才會一直想要「幸福」，並且認為作為一個凡人是幸福的。

鄂蘭認爲，消費的過程並不能讓我們更貼近凡人，然而商品化製成與購買的現代意義，卻把我們給洗腦了。

何謂「幸福」與「卓越」？

在早期認知心理學家的研究中，認爲「多巴胺」是一種觸發快樂與幸福感的物質。而實驗中發現，看帥哥或美女、享受性愛、品嘗美食、得到他人的讚許、追求物質條件，或是看到「錢」時，大腦都會分泌大量的多巴胺物質；甚至只是在「預期」這些事物時，大腦便在分泌了。

但在二〇〇一年，史丹佛大學的神經科學家克奴森（Brain Knutson）發表了一項可靠的實驗之後，心理學家們開始有所改觀。這項實驗發現：多巴胺的功用只是在於「期待酬償」。人們會因著多巴胺的刺激去追求

目標，一旦到手，多巴胺便開始下降，又再找尋新的多巴胺刺激。但在這過程之中，人們感受幸福的大腦區塊並無運作。於是追求多巴胺而活的人，在一個又一個的目標中奮力，就像條巴夫洛夫實驗中的狗，不斷受到制約，在社會的報償運作框架下成為一隻「勞動動物」，不斷奮力直至乾枯為止。

眞正能觸發幸福反應的事物，反而只是很微不足道的事情：累的時候小小休息一下的片刻、六到八小時充足的睡眠、和親友無目的性的談天、充足而純粹玩樂性的運動、還有自由而無目的性的思考或創作等等⋯⋯。研究發現，人只要能維持基本生活條件，就能無礙於對幸福的體驗，幸福與實質收入和社經地位並無必然關係。從這裡也不免佩服鄂蘭在五十年前就已經注意到幸福的重點在於：不以生計而活、純粹關注在為創作而作。

所以，鄂蘭強調「自由空間」，並強調在自由中產生的「卓越」。她所謂的卓越，是自我在公領域之中藉「行動」展現的優秀，但進入現代社會後，這種優秀大幅被壓縮，因每個人只是在完成上級所給定好的交辦事項中，追求符合標準。套句現代人常說的話：「要我多做，這有錢拿嗎？」或者是：「要做更多的目的是什麼？」但對於「卓越」而言，卓越本身的展示性就是其目的性，沒有什麼其他目的。

鄂蘭的理想有可能達成嗎？

我們如何更加「卓越」，甚至擺脫勞動動物的生活型態呢？鄂蘭的答案是呼籲我們更積極投入「行動」之中：要更介入公共領域、甚至是公共政治，在人群之中展現自我並實現自由。

鄂蘭的答案不免有要人多些回到古希臘城邦公衆生活的意味、回到她信奉的亞里斯多德主義名言所闡釋的：「做為政治動物的人。」但這個建議在現代行得通嗎？想想看：古希臘的自由人之所以可積極投入「行動」之中，是因爲所有的「勞動」幾乎由奴隸包辦。而今日除非我們能集體性地放棄資本累積上的競逐，大幅度地將「勞動」交辦給生產機械代勞，而不積極追求生產技術上的革新競爭，我們才有可能擁有更多閒暇，在生活中投入更多「行動」。在現代化資本主義的籠罩下，我們已無所遁逃。做爲個人，去期待社會結構的整體轉變，不免有點落於烏托邦式的幻想。如果我們無法期待集體上的轉變，那僅作爲一個個體，我們要如何在勞動之中面對現代化資本主義籠罩的這番弔詭呢？

筆者認爲，或許《莊子》可以給予我們一種從個體出發的答案。

從莊子的「庖丁解牛」來看，另一種對於脫離勞動動物的解答：「遊於技」

相較於《莊子》，鄂蘭將古典希臘城邦與現代資本社會的生活形態視爲對立的二元。它們之間只能試圖擴張其一。然而東方哲學強調主客合一，試圖在對立之中互融轉化：

如果我們無法消滅所對立的結構，那麼我們要如何進入對立的結構之中，但仍可保有自由？

這是有東方哲學特色的問法，也是莊子哲學著墨之處。

東西方社會對於生活方式的解析很不一樣。在東方，我們看不到類似「勞動／工作／行動」之間的區分脈絡。《莊子》的「庖丁解牛」就是很好的例子，以一個庖丁的勞動身分能夠面見文惠君（魏惠王），且不排除被作爲養生寓言、技術哲學來理解，更不排除所謂文惠君的嗟嘆是一種政治上的領悟。若我們從「由技入道」這個常見的莊學用語出發，可以發現，從「道」的多樣性中顯示了以「技」作爲樞紐，來聯繫出各種可能：在「庖丁解牛」裡，勞動、工作、行動同時存在。

「庖丁解牛」的詮釋裡，有一種說法援引米哈里．齊克森米哈里（Mihaly Csikszentmihalyi）的「心流理論」（The Flow Theory）。他在一九六〇年代觀察各行各業傑出人士之後，總結一套心理學理論，主要關注：

人類如何在所從事的活動中做到全神貫注，並因此大幅增加產能、甚至於當中獲得一種忘我的自由與幸福感。

在所從事的活動當中，忘卻憂慮與痛苦、甚至忘卻時間與自我，彷彿被融入某種更大的事物所產生出的物我交融之感，稱之為「心流體驗」。要獲得心流體驗，在程度上十分仰賴人如何將所從事之事「自我改造」成一場「遊戲」。

這些「心流體驗」與「遊戲」，和《莊子》書中技術性寓言的描述不謀而合，也符合莊子「遊於技」的態度。米哈里曾讚許過「庖丁解牛」這則寓言，他說：「要說明哪怕再惡劣的場所、再枯燥的工作，也可以達到心流狀態，庖丁解牛這個例子再好不過，在兩千三百年前，人類就已經明白了這一點，這真是非同凡響。」

很多人以為，只有需要複雜技藝的工作，才可能產生高度全神貫注的活動，但米哈里的答案卻反駁了這一點。他的團隊花了數十年，調查了數千人、各種國籍、年齡、職業的傑出工作者後發現：「有些人整天切鮭魚供別人做貝果夾燻鮭魚，但他們對工作的創意與投入完全不下於雕刻家或科學家。」

只是「簡單」地不斷重複切魚的這項勞動，又是如何能全神貫注並從中獲得幸福感？這點來自於原本「簡單」的感官經驗，透過「遊戲」的設計被「放大了」，使得它不只是空泛、呆板地在「切」魚而已，而是有著「細膩」且「複雜」的技術概念投射其中：

「他們說：『每隻魚是不一樣的：我通常一天要處理五、六隻鮭魚。每當我拿起一隻魚放大理石檯上，眼睛就會像X光一樣掃描牠，幫魚的內部建立3D圖像。』接下來，他們就能用最小的力氣將魚剖開，切出最細、最薄的薄片，在魚骨上留下最少的肉屑。切魚變成了一種遊戲：用最少的刀工和力氣切出最多的鮭魚薄片。」

在這裡，「庖丁解牛」的寓言和這位切魚工人所言有著極相似的描述。問到庖丁肢解牛體的技術何以如此精湛，他的答案是：

臣以神遇而不以目視，官知止而神欲行。依乎天理，批大郤，導大窾，因其固然；技經肯綮之未嘗，而況大軱乎！

庖丁不是單純地以「目視」作爲解牛的依據，而是將牛的生理結構、施刀的技術等概念之「天理」，以「神遇」的方式投射到牛身上。於是便可巧妙地劈入肌肉與骨骼之間的縫隙（批大郤）、把刀導向那些骨節間的中空之處（導大窾），依著牛該有的結構（因其固然）去解剖。在這裡，庖丁的「神遇」就彷彿切鮭魚工人的「掃描建立3D圖像」般，把「天理」投射出「其固然」。而如何使刀鋒不去錯誤觸擊骨頭（大軱）、甚至是避免誤觸經絡聚集或骨肉緊黏（技經肯綮）而難以切解之處，則成爲庖丁解牛的一場遊戲：保持最銳利的刀鋒並肢解完所有的牛肉。這成爲相比於一般常換刀的廚師，庖丁之所以能「十九年而刀刃若新發於硎」的自豪之處。

心流理論發現：具有挑戰性、可立即明確判定得失回饋的情境，就能製造出心流。這也說明了，爲何從古至今的博奕、時下的電玩遊戲，比勞動工作更容易給予人們莫大的吸引力。這是因爲博弈、電玩幫你制定好了明確規則與遊戲機制，並隨著技巧的成熟，會自動逐步在挑戰中調高難度。這不像其他的工作性質事務，傑出的技藝者還需要自我立定規則，將其投射在工作對象上，並且隨著技藝提升到下一階段，再不斷變換自我所立定的規則，使之被「自我改造」爲一場「遊戲」。

在莊子的技術性寓言中，那些技藝者也並非一躍可入神技之遊，而是逐步增加規則難度並進行練習：

- 「庖丁解牛」裡，庖丁從剛開始學習時的「所見無非全牛者」，再到三年後的「未嘗見全牛者」。這是初學時先從「目視」觀察，以觀察出解牛規則，而後才以「神遇」之投射，以遵守鋒刃不損其銳的規則為遊戲，來肢解整隻牛。
- 「痀僂承蜩」裡，老者為了順利黏蟬，也有階段性的練習：「五六月累丸，二而不墜，則失者錙銖；累三而不墜，則失者十一；累五而不墜，猶掇之也。」為了保持身體與竿子猶如枯枝般不晃動，老者花了五、六個月，在竿頭上疊起兩丸小球，練到能讓小球不墜落；然後再練到疊三丸小球、五丸小球。能三丸不墜，實際於黏蟬上，十個有九個不失手；能五丸不墜，黏蟬時就像從地面上拾起不會動的東西一樣輕鬆。

其實，像這樣將所從事之對象「自我改造」為「遊戲」的做法，並不限於勞動、工作、行動哪一種區分之中，而是可擴及生活的各種面向。從而「以遊無端，出入無旁」，人生便可變為一大遊❶。

以「由技入道」造成結構上的對立轉化

不管是「心流理論」提及在高度幸福時所產生的時間感扭曲，或者是自我意識融入所產生的物我交融，這在莊子的技術性寓言之中均有描述。例如：

- 「梓慶制鐻」裡，梓慶製作樂器時，不僅「輒然忘吾有四枝形體也」還感到「其巧專而外骨消」。
- 「工倕畫圓」裡，則描述了工倕畫圓時的物我兩忘狀態：「忘足，屨之適也；忘要，帶之適也；知忘是非，心之適也。」
- 「痀僂承蜩」裡：「雖天地之大，萬物之多，而唯蜩翼之知。」彷彿宇宙間只剩駝背的老者與蟬翼。
- 「庖丁解牛」當中的「三年之後，未嘗見全牛也。」這也常解釋爲：牛已不再被庖丁視爲對立的客體，從而消除了庖丁與牛之間的物我之別。

上述案例常用以說明藉「通道之技」達到物我交融之境，如果考量漢娜．鄂蘭在現代性勞動社會的分析與其積極介入公眾的左派主張，我們或許在《莊子》裡可

❶ 利用「心流」來解釋莊子關於技藝的做法，也有學者提出反思。例如 Nathaniel F. Barrett 便認為「心流」著重在人對於技藝的專注上，但人的注意力是有極限的，這使得心流體驗在人生中無法成為普遍狀態，僅是間歇地在技藝中出現，然而人生並不只有技藝的部分。所以心流間歇造成對人生圓滿的不連貫，需要有其他做法去補救這之間的斷裂。

以看見，於資本主義與反資本主義左右之爭以外的第三條新路線。

一方面，「遊戲」本身沒有絕對規則，視不同從事者、不同對象、不同技藝層級，可隨之自我更改。於是「遊戲」的自身便是一場自我表達的自由；允許「遊戲」的可能，便意味著制式化的作業規格與流程上的突破，從而在從事時，允許人們自我表現出不同的個體差異性，而「卓越」也變得有所可能。哪怕是不斷在切燻鮭魚這樣反覆的作業中，其自身也有「卓越」的可能性。

當「自我改造」成爲「遊戲」的做法，在社會上獲廣泛證實有其效驗時，無法遁逃於資本主義籠罩下的此一弔詭，便會被對立轉化到結構上：原先，勞動者深受現代化與資本主義帶來的困境，但卻又無法遁逃於現代資本主義之外。

但是當「遊戲」受社會廣泛肯認時，由於「遊」有一定程度的「不知所求」，遊戲的參與出於自主，而非在他人所設定的目標下被強求，便無法被現實利害、產量、效益等作業目標所限定。「遊戲」所帶來從事者高度的全神貫注與產量提升，反倒使資本主義與資方陷入了弔詭：在此對立轉化之下，資本主義社會須放棄資本主義自身才能達到其所欲求的目標。於是「遊」的進入，便解構了以資本主義爲導向的社會價值觀。

在「庖丁解牛」之中，便有著這樣的雙重喻示：做爲魏國國君的文惠君爲何要面見庖丁？而一個政治人物所掛念之事又會爲何？如果「牛」做爲一個巨大的社會結構之喻，那「彼節者有間，而刀刃者無厚，以無厚入有間，恢恢乎其於遊刃必有餘地矣」的庖丁之「遊刃」，便是鑽入這巨大社會結構之中，以技、以遊來肢解其結構的一把利刃❷！

思考問題

①以「遊戲」進入資本主義結構的心態，到底是擁抱資本主義？還是抗拒資本主義？如果答案都不是可歸入擁抱與抗拒的二元劃分，那麼在「遊」之外，是否還有其他既非擁抱、也非抗拒的手段可供我們使用呢？

②除職場體制能以「遊戲」面對外，是否還有其他體制如家庭、學校、社群……等也能夠以「遊」應對呢？其具體實踐上的想像又會是如何？

❷賴錫三曾提出將牛體視為人際、倫理、權力網路之牛體象徵，強調遊刃於牛體之中而非之外，以達到轉化在此網路的主體為「遊化主體」的觀點。

當自我改造成為遊戲……

以無領導管理方式聞名的 Zappos 鞋廠是很好的具體案例：它不設產量和生產目標，強調有快樂的員工才有快樂的顧客，允許員工將個人特色發揮於工作之上。一個員工可延滯手邊事務，就只和一位顧客聊上四個小時；不僅放寬退費標準，還會引薦有不同需求的顧客去其他廠牌購物。組織完全取消主管階層，放任員工自行組隊去發想自己認同的產品。還鼓勵員工，想要逐夢時不僅可以離職，並有優渥的離職補貼。其做法還曾在電商服務上超越亞馬遜公司的產值，並數次擠入全美百大快樂企業之中。不過，進入具體討論後，便有社會條件上的問題須進一步探討。而就算有企業可以做到，也仍會有這是否為資方以遊戲型態為餌所營造的假象問題。本篇重心在是否能於邏輯上點出可翻轉「現代性弔詭」的思維，並以「遊戲」為核心的做法，且一方面為產量高效的技藝傑出者所使用。但此例卻又不以產量、產值為前提，因此反過來在邏輯上形成一種對弔詭的翻轉或迴向。

第六篇　梁磧

老子也按讚的索馬利亞海盜矯治方案

從二〇一二年至二〇一五年，索馬利亞海盜由盛轉衰。不過卻不是靠在此長年耕耘的聯合國、歐盟等國際組織所終結，而是由一位日本壽司連鎖店老闆的「無爲」之舉，海盜問題才得以解決。

這位老闆是「壽司三昧」（すしざんまい）的木村清，他看上索馬利亞海豐富的漁獲資源，於是和海盜們開始交涉。在道家主義者看來，整件事情的發展，其實非常的道家。

《老子・第三十八章》說：「失道而後德，失德而後仁，失仁而後義，失義而後禮。」「德仁義禮」在三十八章是從「無爲」不斷加劇至「有爲」的序列，最後到達「禮」時，不但是「忠信之薄」，也是「亂之首」。由此可看出老子多反對「仁義禮」等「有爲」的舉措。

「失道」之時

「失道」就老子而言，指的是生存場域的暴亂與限縮。在「失道」的情況下，百姓無法自發形成秩序並享有各自的生活。《老子》裡所見「無道」「非道」「不道」等對道的否定性用法均是如此❶：

第四十六章：「天下有道，卻走馬以糞。天下無道，戎馬生於郊。」這是以原做為農耕之用的馬匹成為戰馬，來說明戰亂時是天下「無道」的狀態。

第五十三章：「朝甚除，田甚蕪，倉甚虛。服文采，帶利劍，厭食，而資貨有餘。是謂盜竽，非道也！」當權者腐化不事治理、田地荒蕪、倉廩空虛，卻自己在食衣積財方面非常奢侈。等於是提倡人民做盜賊，是「非道」的狀態。

第三十章：「師之所居，荊棘生之。……物壯而老，是謂之不道，不道早已。」此言軍旅所處之地，田畝荒廢，荊棘叢生。「物壯而老」表明過度用兵會使萬物趨於衰敗，不合於道。「早已」爲早死，「不道早已」表示生存場域的喪失，是爲「不道」。

總括來說，海盜的崛起，就是因爲索馬利亞長年處在這種「失道」狀態。索馬利亞共和國從一九九〇年代以來長年動盪，政府嚴重失靈。根據美國外交政策研究顯示，索馬利亞在二〇〇八年到二〇一〇年，連續三年蟬聯國家失靈指數全球冠軍。索馬利亞自一九九一年起陷入內戰，到一九九三年初已有三十萬人死於戰亂和飢餓，兩百萬人掙扎在死亡線上，外逃難民達一百萬人以上，然而一九九〇年的人口總數才不過六百三十二萬人而已。再加上天然資源匱乏、基礎建設不足，索馬利亞最具有經濟價值的資產便是尚未開發的近海魚類，以及覆蓋著大部分國土的牧草。在國際貿易上有著很大的逆差，除家畜和香蕉外，幾乎一切仰賴進口。至二〇〇二年，有七五％的人口沒有安全飲水，人均壽命爲四十七歲，嬰兒死亡率高達二五％。連年內戰與經濟困乏，造成國庫空虛以及海岸警備不足，政府對長達三千公里海岸線無法有效管制，百姓迫於無奈，投身海盜成爲唯一出路。

「有為」的舉措：仁、義、禮

正如老子所言「大道廢，安有仁義」一般，人們在「不道」的狀態下習慣標舉仁義等「有爲」手段做爲對治，國際組織對治海盜問題的手段，恰巧可化約至仁、義、

❶本文的《老子》原文引用依據為馬王堆帛書《老子》。

禮三個面向之中。並且你可以看出，這些「有爲」的手段在實際運作上均成效不彰：

「仁」：博施濟衆，給予百姓恩惠和接濟

不過，他人取走援助後若不領情，便無以爲繼，故稱「上仁爲之而無以爲」。聯合國安理會在一九九二年一月通過七七三號決議案，執行第一期索馬利亞行動（UNOSOMI），此案可說是以「仁」爲主。該行動中，各國除了通過武器禁運協議外，最主要是運送人道物資並建立分發中心，以舒緩乾旱與內戰所帶來的難民問題，並協調索馬

利亞境內各派系的衝突。但援助的投入並未使得問題舒緩，反而加劇人道物資的搶奪與派系衝突。於是該年十二月，聯合國被迫授權會員國組成一支特遣部隊，爲人道物資運送建立安全環境。

「義」：以直矯枉，樹立是非觀念

不過當對方不從，則另以手段強迫服從，故稱「上義爲之而又以爲」。在第一期索馬利亞行動失敗之後，聯合國意識到要更有積極的舉措，並開始建議使用武力制服，這可說是「失仁而後義」。於是在一九九三年三月通過八一四號決議案，執行第二期索馬利亞行動（UNOSOMⅡ），該案進一步強調要通過特遣部隊來解除索馬利亞武裝，以回復和平與治理。美國爲主要響應號召並派遣部隊的成員國，其後美國部隊與索馬利亞主要派系發生武裝衝突，雙方有嚴重傷亡，美國不得已於一九九四年四月退出行動，也導致隔年四月整個任務撤除。

「禮」：建立共同規範系統，直接依規範行事，使各方共同配合

由於索馬利亞動盪未決，此後海盜逐漸興起，至二〇〇八年，聯合國開始有針

對索馬利亞海盜的決議文。二〇一〇年之前的決議文均是呼籲各國共同打擊海盜，但效果不彰，海盜反而日益猖獗。並且受各國國內法限制，難以將海盜定罪。聯合國意識到需要有共同法律制裁措施，這可說是「失義而後禮」。聯合國在二〇一〇年公布數據，雖有九成海盜被捕，卻因無處受審最後獲釋，這是肇因於傳統國際法在定義上對新型態現代海盜難以規範。雖然各國呼籲由聯合國設立國際法庭進行統一審判，但最終進展遲緩。孔子說：「名不正，言不順。」建立一套共同規範系統，有「正名」上的定義問題。雖然歐盟在二〇〇八年便共同制定亞特蘭大行動（Operation Atalanta）協議，歐盟各國共同派出軍艦護航往來船隻，卻無法完全遏止，僅治標不治本。

時任聯合國安理會祕書長潘基文（Ban Ki-moon）表示：「海盜不能只在海上解決，因水域範圍過大，而海盜又似乎源源不絕。因此，要完全杜絕海盜行爲，還是要從協助索馬利亞過渡政府改善其沿岸安全開始做起。」亞特蘭大行動指揮官瓊斯將軍（Rear-Admiral Philip Jones）也認爲：「要確保百分百的安全，則需要上百艘的軍艦，最好的情況是索馬利亞能自己處理海盜。」上述可見，要滴水不漏地維持一套共同規範系統，花費的人力與資源成本甚鉅。

如何達到「上德無為」

上述國際處理索馬利亞地區「不道」的狀態，正好反映了「大道廢，安有仁義」「失仁而後義，失義而後禮」的過程。藉國際海事局的統計資料，可對照下頁表格說明（數據來自國際商會國際海事局的官方網站）：

索馬利亞海盜在索馬利亞的襲擊案件數在二〇〇三～二〇〇七年間均維持在每年四十五件以下，在二〇〇八年聯合國與歐盟開始處理索馬利亞問題時邁入巔峰期，此後不減反增。從二〇一二年開始，海盜數量才不斷銳減，這歸功於日本壽司連鎖店老闆木村清；但一位壽司店老闆如何消滅氾濫的海盜問題，以下是相關報導內容：

東非索馬利亞外海及亞丁灣的海盜猖獗。自二〇〇〇年以來，該海域常發生漁船、貨船綁架案件，成為重大國際問題。但近年，該海域發生的海盜攻擊案例趨近於「零」，原來，他們都被日本壽司連鎖店「壽司三昧」的老闆木村清給「消滅」了。

日本網路媒體《Harbor Business》報導，六十三歲的木村清在專訪中表示，他雇用索馬利亞海盜幫他捕鮪魚，提供他們「轉職」的機會。他說：「雖然很多國際組織和國家也在當地展開援助工作，但多半僅治標不治本。」「唯有站在當事人的角度，才能了解對方為何煩惱。」

木村表示，他當初蒐集情報後發現，從來沒有人好好與海盜交涉。他認為「海盜也是人，不是不能溝通」，在與海盜見面後，意識到當地人是為了生計才從事海盜工作，對打劫行為並非樂在其中。於是他向海盜提議可以改捕鮪魚，「比起當海盜，靠自己賺錢來養活家人會活得更有尊嚴」。

但由於海盜沒有技術和設備，更沒有外銷管道，木村於是決定出借旗下的漁船，教他們捕魚技術、安裝冷凍倉庫，並且協助他們和印度洋鮪類委員會（IOTC）接洽。到了二〇一二年，據美國海軍統計，該區域的海盜襲擊案件數字明顯下降。日本外務省更指出，二〇一五年一月至七月底，該海域的海盜襲擊、被害件數已為「零」。

索馬利亞、亞丁灣附近海盜發生件數

年份	件數	
2003	21	案件數均維持在45件以下
2004	10	
2005	45	
2006	20	
2007	44	
2008	135	聯合國與歐盟開始關注
2009	214	
2010	219	
2011	237	
2012	75	開始銳減
2013	15	
2014	5	

木村清的故事可以完整地說明老子的觀點：

不因對方是海盜而放棄信任對方的機會

第四十九章說：「善者善之，不善者亦善之，德善也。信者信之，不信者亦信之，德信也。」即便對方是世人眼中視之不善、視之無法取信的海盜，木村清也相信：「海盜也是人，不是不能溝通。」

以無為取代有為

王弼註《老子》以無爲釋德，博施釋仁，正直釋義，飾敬釋禮。而木村清並不是採取仁、義、禮的舉措來對待海盜：

「仁」是博施濟衆，給予百姓恩惠和接濟，但木村清不是單方面的給予救援物資或直接施恩，而是雙方合作，木村提供讓海盜們能夠自給自足的場域，使海盜「自然」地改捕鮪魚，是海盜的自發性行爲養活了他們自己。

「義」是以直矯枉，樹立是非觀念以教化、約束百姓，但海盜的自發行爲並不是透過某種觀念的約束才得以完成，如果我們能提供更多自給自足的場域，像是海盜可選擇去捕魚或是可選擇去放牧等等，這之間的選擇並沒有哪個是出於「大義」。「禮」是以禮文的繁飾，建立共同規範而讓各方有敬，但海盜也並不是在共同規範的運作下依其身份等第才去捕魚，他要選擇捕魚也可、不選擇也可，這一切都是海盜的「自然」，是他們「自己如此」。

無為並非不做為

老子所崇尚的「上德」，是「無爲而無以爲」，這並非完全不作爲，老子的「自然」也並非是不計治亂地保有對方目前的樣態。

第六十四章認爲聖人要「能輔萬物之自然，而弗敢為」，既然聖人的無爲要能對萬物的自然有所輔助，便不是完全放任。第五十七章說：「是以聖人之言曰：『我無為也而民自化；我好靜而民自正；我無事民自富；我欲不欲而民自樸。』」也表示了「自然」蘊含著自化、自正、自富、自樸等理想的治理樣態。

總括來說，上德之無爲，是上德者觀察、研究當地百姓之「自然」爲何後，以輔助百姓自生、自爲、自長，不限縮其生存場域。所以第五十一章說：「生而弗有也，為而弗恃也，長而弗宰也，此之謂玄德。」在索馬利亞問題上，不是完全放任當地的狀況，百姓便能找到生路；也不是單方面施以援助或樹立是非觀念，便能夠使海盜滅絕。需要對當地的「自然」有所觀察，才能夠找尋到輔助百姓的方式。木村清也說：「唯有站在當事人的角度，才能了解對方爲何煩惱。」老子以無爲虛己來接納萬物的自然，或許，木村清的這句話便是老子最好的現代註腳。

思考問題

①在索馬利亞海盜的議題上，仁、義、禮等「有為」的舉措均告成效不彰，那麼我們生活中還需要標舉仁、義、禮嗎？如果需要，那是什麼時候才會有所效用？

②如果仁、義、禮等東方傳統觀念，被老子視為是治理者的「有為」之舉，那在現代化社會中所使用的西方概念裡，有哪些會有可能被老子哲學也視為是「有為」之舉呢？

第七篇　官科宏

陰謀論的哲學問題：最「融貫」的故事，就最可能為真嗎？

人們對歷史上曾發生過的事件常有許多不同的詮釋，舉例來說，美國聯邦調查局指出，發生在二〇〇一年九月十一日的恐怖攻擊是由中東的蓋達組織所策畫，但也有少部分人接受另外一種解釋，認爲美國本土的新保守主義者爲了製造讓美國合理進犯伊拉克的藉口，策畫並執行了這次恐怖攻擊。這類將事件的發生歸因於特定團體的欺瞞，進而造成有利自身結果的解釋，一般被稱爲「陰謀論」。其他類似的例子還有：美國中情局爲了對非裔美國人和同性戀者進行種族清洗，製造了愛滋病毒；披頭四從未存在過；名爲光明會的組織聚集了各路菁英——包括女神卡卡和伊麗莎白二世——掌控了世界上的一切；美國政府進攻伊拉克的眞正目的是要從海珊手上奪取通往外星球的星空之門；地球是中空的，只是科學家們蓄意向世人隱藏這個事實；美國太空總署對世人隱瞞外星人存在的證據……

在對事件諸多不同的解釋中，有些破綻百出，能被輕易地推翻；有些卻天衣無縫，找不到錯謬之處。然而，**環環相扣、天衣無縫的解釋，一定比其他的解釋更接近事實嗎？**「融貫」是哲學在關於知識的討論中經常涉及的概念。沿用這個概念，我將說明：在一些情況下，看起來很完美的故事，反而更值得懷疑。

融貫

粗略地說，如果有兩組句子，第一組句子之間的關係很緊密，大致都可以各自互相說明，而第二組句子的關係比較鬆散，彼此沒有什麼關連，那麼我們會說，第一組句子比第二組要來得更爲「融貫」。

舉例來說，我們可以設想這樣的兩組句子：

（A1）傑．蓋茲比擁有一幢在西卵島上的豪宅。

（A2）傑．蓋茲比每個週末都花錢舉辦盛大的派對。

（A3）傑．蓋茲比擁有數十輛高級跑車。

（B1）文豪費茲傑羅死於心臟病。

（B2）神學家伊拉斯莫斯出生於荷蘭鹿特丹。

（B3）直江兼續曾經擔任過米澤城的城主。

一般而言，我們會傾向覺得第一組句子之間有比較強的關係：如果A1是真的，也就是傑．蓋茲比是一名擁有房產的巨富，那A2和A3就有很大的機會是真的。相較之下，第二組句子之間的關聯就顯得比較弱：伊拉斯莫斯的出生地和費茲傑羅的死因並不相關；同樣的，假使直江兼續擔任的不是米澤城，而是

小田原城城主，伊拉斯莫斯仍然會生於鹿特丹。哲學家們在此會說：第一組句子比第二組句子來得更加「融貫」。融貫並不單單只取決於語句的內容，還取決於語句的多寡。拿前面的 A 組語句爲例子，如果我再加入一個句子A4：「蓋茲比買下了整個西卵島的土地。」由於有更多的語句和同一個事實有關（也就是跟「蓋茲比是一個超級富翁」有關），新的這一組句子，也會比原本的這組句子要來得更爲融貫。

值得注意的是：相互融貫的語句之間，不一定要有嚴格的邏輯關係。A1指出的事實，並非「必須」使得A2和A3發生。我們可以輕易地想到一些例子：蓋茲比確實擁有豪宅，並不一定表示他是位一擲千金、願意花大錢舉辦派對的人，當然也不一定得有很多輛汽車。因此，就算語句A1是眞的，也不一定就能推論出A2和A3。一組語句是融貫的，並不代表這組語句

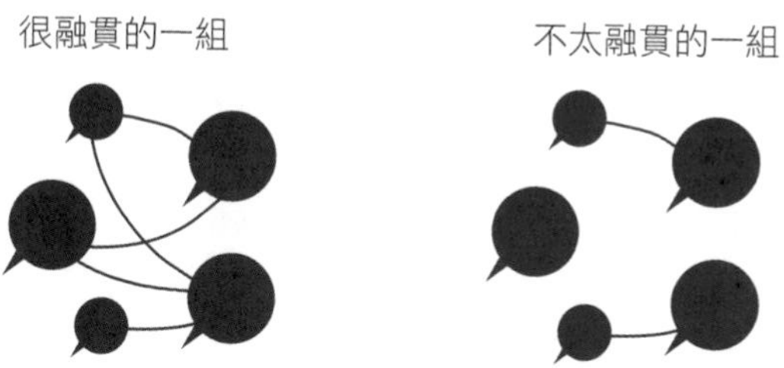

可以互相解釋的句子越多，整組句子的融貫程度也越高

中的每一個語句都在邏輯上相互連結。在哲學上，比較合理的定義是這樣的（Lewis 1946）：

我們先考慮一個特定語句（譬如A1），如果我把這組語句中，這句子外的所有句子（譬如A2和A3）都當成眞的，那這一個特定語句的可能性就會提高。如果每個語句都符合這個條件，這組語句就是融貫的。拿這個定義重新檢視A組句子的話，我們不難發現：如果我們假設A2和A3都是眞的，那麼，蓋茲比顯然是個有錢人，假定這樣的事實後，他擁有一幢豪華宅邸的可能性就會大大地提高。或者，如果蓋茲比有錢可以購置豪宅、也有錢能買下許多跑車，那麼，他每週末花大錢開派對的可能性也會相應地提高。因此，我們可以說A組句子是融貫的。

當知識論遇上陰謀論

「融貫」概念在陰謀論的討論裡也常常出現：假如我們應用融貫的概念，回頭檢視對於越獄風雲（或者其他曲折離奇的案件——譬如藍可兒之死、迪亞特洛夫事件等）的諸多解釋，我們可以發現某些解釋是融貫的，另外一些解釋較爲不融貫。我們很自然地會進一步認爲：比較融貫的解釋，一定比較接近眞實發生的情況。

然而，有些哲學家認爲這樣的直覺錯得離譜！這個錯誤可以用一個簡單的論證說明：

1. 一組語句 B 爲眞的程度，會比 B 加上一個不一定爲眞的句子來得高。
2. 給定一組融貫的句子 B，如果我們把一些不一定爲眞、並且與 B 相互融貫的句子加到 B 中，這組語句的融貫程度會上升。

如果這兩個主張都是對的，那我們可以說：把一些語句加到一組句子 B 當中，使得它爲眞的可能性降低，卻會讓融貫程度提高。因此，一組語句越融貫，它爲眞的可能性就越低！

增加「融貫的語句」，可能帶來風險！

這樣的主張聽起來似乎有點複雜，不過，如果考慮實際的例子，意思會清楚得多。假使我們同意這個前提：（C）世界秩序是由光明會操縱的。那麼，下面這組語句會高度融貫：

（C）世界秩序是由光明會操縱的。

（C1）歐巴馬是光明會成員，運用政治實力幫助光明會掌控世界秩序。

（C2）伊麗莎白二世是光明會成員，運用其政治實力幫助光明會掌控世界秩序。

（C3）股神巴菲特是光明會成員，運用金錢幫助光明會掌控世界秩序。

這一組語句看起來融貫程度相當高，假使我再加入一個句子：

（C4）光明會爲了操縱東亞國際秩序，提供日本軍事援助，使日本在甲午戰爭中擊敗清國。

加入C4以後，這組語句的融貫程度提高了；然而，這個語句卻很可能不是眞的，因此降低了整組語句爲眞的可能性。不加入C4的情況中，雖然整組語句爲眞的融貫程度較低，內容卻比較有可能全部爲眞。因此，我們可以結論：提高一組語句的融貫程度，會降低該組語句的眞實程度！

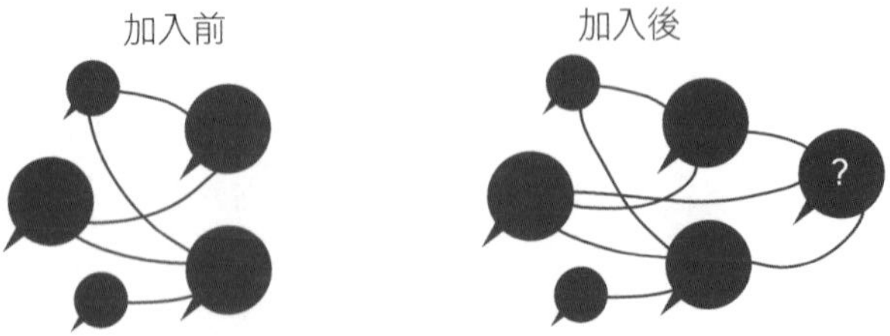

在可以和原來的語句互相說明的新句子加入後，整組句子融貫的程度會變高。但若新的句子是否為真尚待檢驗，那整組句子為真的程度會變低。

如果融貫程度和貼近眞實的程度成反比，我們是不是要放棄尋找融貫的解釋，而總是接受比較不融貫的解釋呢？

爲了捍衛融貫這個概念的重要性，有些哲學家挺身而出，說明融貫程度越高，其實還是會使得一組語句更眞實。

一、在比較兩組語句的時候，應該要把其他條件納入考量。指出：如果兩組語句中句子的數目一樣多，那麼，較爲融貫的那組語句，會比較貼近事實。（shogenji 1999）

二、許多哲學家（Shogenji 1999, Olsson 2002, Fitelson 2003）進一步提出了測量的方法，藉以比較兩組不同語句的融貫程度。

三、然而，哲學家（Bovens & Hartmann 2003）已經用嚴謹的邏輯推論證明：沒有任何一個測量融貫程度的方法，能夠證明兩組語句中比較融貫的那一組，一定比另一組來得更貼近眞實。

這個爭論現在仍然在進行當中，而轉化成關於證詞來源可靠程度的探究。如果我們下次再遇到複雜難解的問題，應該訴諸最完美、推理緊密相扣而高度融貫的解釋嗎？或許値得再想想。

思考問題

①如果融貫的解釋不見得是好的解釋，那麼不融貫的解釋會是比較好的解釋嗎？在什麼情況下，我們願意接受「較為融貫的解釋是比較好的解釋」？

②假定我們的訊息來自於一些相互獨立（彼此之間不交換訊息）的訊息來源。如果來自於這些訊息來源的一組訊息高度融貫，我們是否能藉此推論「這些訊息來源都相當可靠，給出正確的資訊」？

第 三 章

政 治

哲學能夠提供新的政治視角

引言 朱家安

「你不覺得很不公平嗎？我都讀到博士了，選總統時跟隔壁高中畢業的小明還是一樣一人一票。」

「這樣比較公平不是嗎？」

「是嗎？小明他什麼都不懂，怎麼知道投給誰比較好？如果我們選出錯的總統，不是就要大家一起過爛日子嗎？」

「所以你是說，比較聰明的人應該要有比較多票嗎？」

「這樣比較合理吧？」

「那，這件事情也要大家投票來決定嗎？」

我不能代表所有哲學家，不過我私心認為，政治是現代人心裡重要性最被低估的問題。例如，立法院現在討論的法案決定了我們未來會因為哪些事情坐牢，但我卻沒興趣知道他們在討論什麼。

我相信我不是唯一對政治冷感的人，而我大概也知道為什麼一般人對政治冷感：一講到政治，好像就很難避免沒有進展且不會結束的論戰，誰也無法說服誰，就跟哲學一樣……咦？

論戰缺乏進展，有時是因為選了註定對任何事情都不會讓步的糟糕對手；有時候，則是因為雙方有些邏輯或概念問題沒有解決。

「政治」這一章蒐集了一些從邏輯和概念上切入社會議題的討論，如果現實生活的論辯讓你疲乏，或許哲學能提供你新的視角。

第一篇　賴天恆

文明必須禮貌嗎？不和諧的抗爭與國際城鎮會議

「會罵髒話就是沒教養」「無法理解學生行爲」「沒受過教育嗎？」「有話不能好好說嗎？」「眞沒禮貌」是抗爭活動後，許多溫文儒雅的大人做出的直接反應。禮貌是一個很複雜的問題，但是爲什麼要有禮貌？或許是一種說法，禮貌是文明（civility）的指標。沒禮貌就是不文明。

生活在當代文明社會中的人，當然必須要文明。但這種說法只是把問題往後推：到底什麼是文明？爲什麼要文明？

兩個城鎮會議

先思考第一個問題。布朗大學的哲學教授伊斯特隆德（David Estlund）舉例，一種對文明的理解，來自這樣的圖像：

城鎮會議：席次有限，但以先來後到決定入場資格。發言機會充足，發言時間公平分配。與會的政府官員尊重且樂於回應公眾意見。再假設他們是在討論是否要以公共預算提供高中的體育服。

爲了讓討論順利、公平、有秩序地進行，衆人必須遵守一些共同規範，避免類似下列這樣的行爲：僞造入場證、不理會主持人逕行發言、搶麥克風發言、未經許可而大聲提問以及唱歌呼口號干擾會議進行。

如果妳接受上述說法，代表妳認爲：

文明就是守規矩、遵守發言規範、心平氣和地好好說話。相對的，以激動、干擾、惱人、羞辱、違法的方式發言，都不文明。

但是事情有這麼簡單嗎？伊斯特隆德緊接著考慮：

國際城鎮會議：假設今天舉辦一場國際電視轉播會議。場地由政府決定。轉播單位由政府決定。入場資格由這個政府決定的轉播單位決定。發言權更由這個政府決定的轉播單位決定。再假設今天不是在討論是否以公共預算提供高中體育服，而是探討美國政府是否要轟炸伊拉克。再假設這場國際會議舉辦在俄亥俄州立大學。

伊斯特隆德直接指出，假設到這邊已經不是假設了。這邊所描述的是一九九八年二月於俄亥俄州立大學舉辦的「國際城鎮會議」（International Town Meeting）。這場國際城鎮會議中，從僞造入場證、搶麥克風到唱歌呼口號干擾會議進行，通通都發生了，眞沒禮貌。就理性中立選民的標準，這群人不只不文明，根本就是一群暴民。

問題很簡單，而我們已經可以清楚分辨文明與不文明了。但等等，眞的有這麼簡單嗎？

為何要文明？

這些人爲什麼吃飽沒事幹要吵吵鬧鬧？不妨聽聽他們的說法：

「如果我們就只是坐在那邊安靜地聆聽，電視機前面的觀衆會以爲我們都支持戰爭；但我們堅決反對。有時候妳就是必須要講出妳所想講的，並且確保妳的聲音被聽見。如果他們不願意禮貌地聆聽，妳就必須要無禮。」

他們想要表態，而不願意「被表態」。他們不願意守規矩地沉默——這樣會被視爲替政府背書。他們認爲明明有很多討論空間，但是政府完全不想討論。此時，或許我們可以進入第二個問題：爲什麼要文明？

在城鎮會議中，有良好審議（deliberation）的背景條件，包括公平參與、均等發言機會、良好討論風氣等等。在這些審議的背景條件滿足時，遵守發言規範，有話好好說，有助於促成全面且有建設性的討論。由於發言機會充分且公平，所有的觀點都可以攤在桌上，人們可以理性地討論、質疑、論辯，以便最後做出較正確的決策。就此我們可以得出：

遵守文明的規範，是爲了促進良好的討論與審議，以便提升決策

的品質。

那「國際城鎮會議」呢？稍微回顧一下，就可以發現發言權不可能公平，主持人不可能公正。轉播單位有相當大的壓力，要滿足政府的需求：塑造一片符合政府的和諧輿論。這是爲了繼續在未來獲得獨家授權，衝高收視率以便獲利。此時我們可以思考，如果繼續遵守那些所謂文明的規範，會有什麼結果？

結果很簡單，就是被迫保持沉默的，被政府呈現爲支持者；就是想要表態卻只能「被表態」；就是明明有許多理由可以提出來探討，卻提不出來；就是明明知道別人也有許多不同的論點，卻什麼都聽不到。經過當權者的篩選，端上檯面的都是對當權者有利的片面說法，聽得見的聲音都是對當權者的擁護。在如此片面的資訊底下，自然無法進行全面且有建設性的討論，決策品質多半慘不忍睹。

顯然在非理想情境中，繼續遵守那些所謂文明的規範，無助於促進良好的討論與審議。相反的，盲目地遵守只會任人宰割；強迫別人遵守，不論是不是基於惡意，都是在剝奪別人的發言權，降低討論品質。既然這些所謂文明的規範嚴重妨礙文明之目的，是否該重新省思，那些規範是否眞的稱得上文明？

文明規範，從狹義到廣義

伊斯特隆德區分兩種文明的規範：

狹義的文明規範（narrow standards of civility）與廣義的文明規範（wider standards of civility）。只有在理想的背景條件下，遵守狹義的文明規範才能眞正促進良好的討論與審議。當理想條件不復存在時，繼續膜拜狹義的文明規範，只會帶來反效果。

在非理想情境中，如果眞的有心要促成良好的討論與審議，就必須打破狹義的規範，採取必要的行動。這些行動可能包括以激動、干擾、惱人、羞辱、違法的方式發言，取決於哪些行動眞正有建設性。當權者禁止妳發言時，妳所該做的就是盡可能地發言。當權者禁止討論時，所該做的就是讓討論更爲全面。當權者要替妳表態時，妳所該做的就是表態。這些都符合廣義的文明規範。

廣義的文明標準在非理想情境中，允許部分狹義文明所禁止的行爲，以便維繫促進良好審議與決策品質之目的。

在此有三點値得注意：首先，並不是說狹義的文明不重要。即使違反狹義文明規範的人，仍然可以認知到那些規範的價值：在理想情境中非常有用。如果理想條件達成，抗爭者多半樂於回歸狹義文明的規範。但是在理想情境中非常有用的東西，不能未經省思就硬套到所有情境中。

其次，非理想情境中，哪些狹義規範必須打破？哪些必須繼續遵守？是不是稍有背離理想背景條件，受排擠的一方就可以任意掀桌、占領甚至殺人放火？其實沒這麼簡單。一個粗淺的說法，就是背景條件越接近理想情境，廣義規範就會越可能接近狹義規範。要推翻哪些狹義規範，取決於怎樣做可以更促進討論與審議。

文明的目的是講道理，而道理的交換建立在良好的溝通上。舉例來說，如果罵髒話會造成極大的反感，或許抗爭的一方就得避免；但相對的，如果只讓少數當權者感到羞辱，卻可以激起廣泛的輿論討論與迴響，就是可以採取的手段。至於占領，取決於佔領是爲了促進溝通還是強迫對方就範；讓被排擠的議題重新回到檯面上是一回事，迫使對方的意志屈服是另一回事。殺人放火通常需要避免，畢竟一旦訴諸暴力，對話就很難延續。就溝通來說，越極端的手段，越可能造成反效果；因此只能在少數極端的情境中使用。

最後，是不是在任何事情上，對方不講道理時都可以依據廣義文明規範而示威？

舉例來說，搭訕對象不想理妳時，妳可不可以採取更激烈的手段迫使對方理妳？當然不是。就一方面來說，這樣只會有反效果。就另一方面來說，每個人都對自己的私人生活擁有絕對的自主權，即使做決定時不講道理，別人也無權過問。只有涉及公共事務時，才必須講道理，也因此才有文不文明的問題。

其他目的？

或許有人認爲禮貌不是爲了文明，而有其他目的；文明不是爲了講道理，而有其他目的。抱持這樣的看法，或許可以好好思考一下，就禮貌來說，有沒有比實現文明更重要的目的？就文明來說，有沒有比促進審議更重要的目的？

或許有人認爲禮貌本身就有價值，就是要爲了禮貌而有禮貌，要膜拜禮貌。我是看不出來。我只看到迂腐。或許有人認爲文明不是講道理，而是爲了不起衝突，爲了溫順、聽話、服從、乖。我怎麼看都不覺得是文明，反倒像奴性。或許我們推崇秩序、輩分、傳統、和諧；但更重要的是我們該思考：爲了任何所謂其他目的而犧牲審議與決策的品質，値不値得？

回到不禮貌的抗爭

前行政院長郝柏村大談民主被抗議，輔仁大學敬天祭祖也被抗議，M503也被抗議，向國台辦稱臣也被抗議，年輕人是不是動不動就抗議？怎麼這麼沒禮貌？爲什麼有話不能好好說？眞不文明……嗎？看到別人違反狹義文明時，我們該怎樣反應？或許要思考一下爲什麼他們要這樣。有可能想要發言的人乖乖地舉手舉了整場演講卻仍然被忽略，有可能學校根本不打算跟學生溝通，有可能政府連形式上徵詢人民的意見都沒有做。

我們能思考在現實世界中，理想的審議情境多難實現。而這些狹義文明所依賴的背景條件沒有成立，是不是更進一步代表現實世界中存在諸多系統性的壓迫？

思考問題

① 狹義的文明規範跟廣義的文明規範，在目的和適用情境上有什麼不同？
② 禮貌是否本身就具有價値？有的話，我們如果必須在禮貌與其它價値之間衡量，要怎樣選擇？

第二篇 賴天恆

搶救國文、護家盟、制服守舊派與「偽善」

虛僞做作、心口不一是僞善。僞善多半令人厭惡，不過在這邊我打算討論一種相對之下比較好的僞善。既然是談比較好的僞善，那麼比較差的僞善自然就不在討論範圍之內，例如二〇一六年民進黨政府嘴巴上說捍衛勞工權益，實際上卻竭盡所能刪除例假的那種僞善。

僞善的文明化之力

有一種比較好的僞善，政治理論學家瓊．伊斯特（Jon Elster）稱之爲「僞善的文明化之力」（the civilizing force of hypocrisy）。在審議民主社會中，公共討論的基本期待有兩個：首先，任何受到影響的人都有發言權；其次，任何提出的理由都必須是公共理由（public reason）❶。本篇我將聚焦在後者討論。根據伊斯特的觀察，正好是後者，恰好是對公共理由的期待，造成了一種好的僞善。

當代社會由多元價值觀個體組成，不同的人來自不同的宗教、文化、傳統、歷史背景。任何影響到眾人的決策，如果要顧及對彼此的尊重——特別是尊重人與人之間的差異——就必須基於「公共理由」：眾人可聽得懂而且可接受的理由。

舉例來說，不同宗教背景的人思考如何和平共存時，就會暫時停止訴諸各自的宗教誡命，轉而使用「傷害」「福祉」「權利」等大家都聽得懂的語言；利益彼此衝突的人在公共領域中進行協調時，會放下「這對我有利」這樣的說詞，改說「這樣比較公平」「這對大家都好」等眾人都可以接

受的考量。

當然，人不是沒有私心。總有些人希望公共領域中做出的決策對自己有利，或者符合自己的價值觀。由於討論的脈絡不允許訴諸個人利益或私人價值觀，出於私心的人便會尋找並提出對自己有利的公共理由，企圖讓決策結果符合私心。這就是「偽善的文明化之力」：即便是出自私心，討論者提出的理由都必須是公共理由。以下我藉由常上新聞的「搶救國文」「護家盟」「制服守舊派」三團體說明此現象。

搶救國文教育聯盟

每年五月四號總是有一群自稱「搶救國文教育聯盟」的人跳出來召開記者會，呼籲政府增加國文時數、增加文言文比例甚至推動兒童讀經。他們總是會找一些理由支持這些訴求，但坦白說，他們提出的理由都很爛。當然，很爛也有等級之分，而有些爛理由比其他的爛理由更爛。

身爲中國人，我們有義務要傳承中國的文化傳統。

❶ 跟所有的哲學理論一樣，公共理由本身也有所爭議。舉例來說，蓋爾斯敦就在 Galston, W. A. (1995). *Two concepts of liberalism*. Ethics, pp.516-534. 中指出，即使是科學也不見得每個人都願意接受。

這是我認爲比較爛的爛理由。之所以爛，用一句話來說就是：

誰跟你中國人？

這個「理由」，如果對任何人構成理由，只限於自認是中國人的人。但我不是中國人，我身邊一堆人不是中國人，憑什麼強迫我們配合你們，傳承你們的文化傳統？要傳承就自己去傳承啊，又沒人阻止你們。這個理由就跟「你們不配當中國人」一樣可笑❷。

就此而言，國文教育的擁護者就必須開始找理由，找一些大家都聽得懂，而且有機會願意接受的理由。在文化傳統之外，最常見的理由就是：

多讀古書會變聰明，不讀古書就不會思考。

以及：

多讀國文品格卓越，不讀國文道德淪喪。

這些理由至少我們聽得懂，不過先放著，之後回頭談。

護家盟

另一個經常召開記者會指控社會道德淪喪的組織，是由一群儒教基本教義派，以及基督教基本教義派構成的「護家盟」。這群人提出了一堆理由反對同性婚姻，但當中有許多理由根本就進不了公共討論的脈絡，比方說：

一夫一妻是中國人偉大的文化傳統。

以及：

《聖經》如此說。

前者是爛理由，畢竟「誰跟你中國人」。至於後者，對基督徒來說「《聖經》如此說」當然是最核心的理由；但是別忘了再怎麼算，臺灣的基督徒人口也不到一○%，憑什麼拿教義去約束異教徒？更進一步來說，好的基督徒應該要像耶穌一樣，除了關心貧富差距、所得與財富分配不公之外，更重要的就是要人「自願」放下一切跟從耶穌，並且斥責、厭惡「從天上降下來燒滅拒絕接受福音的人」這類偏激思想，而不是企圖動用強制力把《聖經》的誡命套到異教徒身上。

或許是知道訴諸傳統與信仰等非公共理由，對於非基督徒的多數臺灣人毫無說

❷ 想想看為什麼講出「你們不配做中國人」會被恥笑，不正是因為他的聽眾根本就不覺得自己是中國人嗎？依照同樣的道理，臺灣人聽到「身為中國人……」只會疑惑這句話到底是在跟誰講，或者回說「你找你們中國人去講吧。」

服力，即使是護家盟這樣的組織也懂得設法提出公共理由，比方說：同性婚姻領養會對兒童造成傷害。這是一個大家都聽得懂、而且關心的理由，所以至少搬得上檯面。同樣，晚點回頭再談。

制服守舊派

台中女中體育褲事件與武陵高中的三分鐘兩小過一警告，占據了好幾天的新聞版面。爲什麼學生一定得穿制服？爲什麼女學生制服就一定得是裙裝？

學生該有學生的樣子。

老實說這個理由眞的爛透了。什麼是學生該有的樣子？如果只是在談外表的服裝搭配，那只不過是「你覺得」而已。甚至講難聽一點，對部分的人來說，「學生該有的樣子」，不過就是不敢說出口的制服控幻想❸。但「你覺得」以及「你的性欲」都不是公共理由，沒理由要求別人配合。

撇開這些不入流的理由，也是有人會企圖提出一些乍看之下比較合理的說詞，比方說：穿制服比較安全。或者：穿制服成績會比較好。

確實，大家都關心學生的安全，很多人也都希望學生的成績好棒棒。安全與學業確實是大家聽得懂而且願意接受的理由。我下一段就會回過頭來談這些理由。

偽善的好處

語言與思考能力、品格卓越、兒童福祉、學生安全、學習效率確實是眾人可以聽得懂而且願意接受的理由，而偽善的文明化之力迫使出於私心的人必須轉向這些公共理由。我們可以進一步藉此觀察到，這種偽善至少有兩個好處：

首先，這些理由是大家都聽得懂而且願意接受的理由，是眾人都追求的東西。當我們有這個共通基礎之後，就可以進一步追問國文與古文能力是否眞的跟思考能力或品德相關；可以研究與比較同性或多元家庭、「正常家庭」、育幼院各自對兒童福祉有哪些影響；可以思考制服跟安全、學業到底有沒有關係。至少對於這三個問題來說，答案都很明顯，因此我就不多做說明。由於原本彼此對立的人，可以藉

❸ 當然，這不是在說你啦。不過仔細想想你在網路上有沒有看過各種把制服與性欲連在一起的留言，再思考一下這種態度是否「剛好」與一些人對制服的堅持同時出現。

由公共理由的共同遊戲規則，找到相同的立足點，如果我們把證據攤開，一一檢視各個理由，或許有機會達成有效的溝通甚至共識。促成溝通，讓共識成為可能，這是僞善的第一個好處。

其次，由於每個人都有各自的私心，因此會各自把符合私心的公共理由搬上檯面。雖然這不見得是基於良善意圖，但至少這樣讓公共領域更為豐富，讓原本可能被忽視的盲點得以浮上檯面。如果我們認為，更全面的考量有利於做出較正確的決定，那這也就是僞善的第二個好處：有助於審議民主社會做出品質較佳的決定。

思考問題

①在公共討論中，除了文中出現過的「大家都是中國人」等說詞之外，還有哪些「經常出現，但其實搬不上檯面」的非公共理由？

②在公共討論中，有一些出於僞善的公共理由在效果上幾乎經不起檢驗，比方說「讀國文可以品格卓越」「同性戀傷害兒童」「穿制服既可以保護學生又可以提升學業表現」。然而，出於僞善的公共理由都註定那麼爛嗎？參與社會討論的人，有沒有可能出於僞善，而提出很好、值得討論的理由？你想得到相關的例子嗎？

佩迪特的共和主義：一種對自由的理解

第三篇 賴天恆

「自由的代價很高，但我願不顧一切地捍衛自由。」這是美國隊長所說的，但是他到底在捍衛什麼？有一些政治哲學家把自由當成重要甚至唯一的基本價值。一般人多少也會同意這樣的觀點。至少在聽到「這是對自由的一種侵犯」時，許多人會覺得這是相當嚴重的指控。如果有人說「自由不重要」，那麼我們會期待他提出一套完整的說法支持他這種主張。但是，自由到底是什麼？

本文介紹一種對自由的理解：佩迪特（Philip Pettit）的共和主義（republicanism）。而在開始正式的論述之前，我打算先拋一個問題序列，用來誘發一些支持共和主義的直覺。（因此打算抗拒這種主張的人，可以用比較懷疑的眼光看這個問題序列。）

一個比喻

設想一匹馬，一天到晚都被主人趕來趕去。主人要牠往東牠就得往東，牠如果想要往西就會遭到鞭打。這匹馬自不自由？好像沒什麼爭議，顯然是不自由。那設想有一天，這匹馬摸清楚了主人的習慣，不用鞭打就可以走到主人想要牠去的地方。至少不會被打了，這樣算不算自由？那再設想日子久了，這匹馬已經從心所欲不踰矩，主人的命令已經內化了，牠打從心底想要走去主人想要牠去的地方。那這樣的牠自由了嗎？那或許有一天，主人看到這匹馬眞乖、眞聽話，

於是心情大好。這天他就騎在馬背上，但是放鬆繮繩，讓馬想走去哪裡就去哪裡。當然，如果主人突然改變心意，可以隨時拉緊繮繩，強迫那匹馬回家；要是馬不聽話，還是可以加以鞭打。但主人心情眞的很好，沒這麼做。那這樣馬算不算自由？

還是直到某一天，馬逃走了，擺脫了主人。再也沒有人能夠鞭打、控制牠。牠想去哪裡就去哪裡。而且這樣的狀態，並不是主人賞給牠的。牠能做的一切選擇，不再取決於主人的臉色。

這是共和主義常用的提問方式。如果妳一直等到問題序列的最後一個階段，才覺得馬眞的獲得了自由，那麼或許可以說妳在直覺上已經相當認同共和主義了。但畢竟這只是被誘導出的直覺。如果能夠有進一步的理由、說明，或許可以讓這種直覺得到更多的支持。我接下來將介紹佩迪特對共和主義的一種論述。

霍布斯的「自由做為不受阻撓」，以及柏林的反對

英國政治哲學家霍布斯（Thomas Hobbes）認爲所謂的自由就是不受阻撓（non-frustration）。所謂的阻撓，就是想要的那個選項，因爲他人或外力以至於無法實現。「不受阻撓」則是說，有辦法做到想要的那個選項。以霍布斯自己的例子來說，如

果一個人想要去打網球，而網球場正好開著，又有願意對打的同伴以及相關器材，那麼就算是擁有打網球的自由；如果沒想要打網球，即使網球場的門被鎖住了，打網球的自由仍然未受損。**對霍布斯而言，自由只取決於想要的那個選項是否可行。**

佩迪特認爲這種對自由的理解很荒謬：即使其他選項通通被奪走，只要那些選項剛好都不是想做的，自由就沒有受到影響。事實上，這也正好是二十世紀頂尖自由主義思想家柏林（Isaian Berlin）對霍布斯的批評。這個批評被佩迪特呈現如下：

一、假設同意霍布斯，妳享有在 A 與 B 之間的選擇自由，不過就是妳實際上選的那個選項未受干涉；妳避免了阻撓。

二、依照這個假設，當我出手干涉 A 卻不干涉 B，而妳剛好選擇 A，妳就無法享有在 A 與 B 之間選擇的自由。

三、但根據假設，在這個案例中，如果妳會選 B，那妳就享有選擇的自由。

四、因此，如果妳知道這個狀況，即使無法限制我對妳的干涉，妳可以藉由調整自己的喜好並選擇 B 來保障妳選擇的自由。

五、但這很荒謬。妳無法藉由適應我出手干涉的傾向來獲取自由。

六、因此原本假設是錯的。自由並非「不受阻撓」。（Pettit 2011, pp.699-700）

這是一個簡單的歸謬證明：先同意對方的前提，再指出會推導出令人無法接受的結論。這個論證中的關鍵前提是第五點。我們有必要接受「妳無法藉由適應我出手干涉的傾向來獲取自由」這個前提嗎？這個前提的合理性，在於任何人都無法藉由適應限制而獲取自由。設想說，妳今天被關在監牢裡面，身上纏繞著鐵鏈動彈不得。妳並不擁有行動的自由。更進一步來說，就算妳真的有辦法調整自己的喜好，自我催眠到真的很想要被綁住，也不會因此獲得行動的自由。**必須調整心態才能滿足喜好，正好就是不自由的證據**。用柏林的話來講，就是「教導一個人：如果他無法得到所想要的，他就得設法去想要所能得到的，或許有益於他的快樂或安全；但這樣並不會增進他的公民或政治自由。」

柏林的「自由做為不受干涉」，以及佩迪特的反對

柏林認爲自由不只是欲望不受阻礙，而是「可能的選項」未受阻礙。用白話文來說，就是有得選。柏林以「門」比喻選項，主張一個人的自由取決有多少門是開著的，以及開了後又有多少路可以走。這就是所謂的「自由做爲不受干涉」（non-interference）。所謂的干涉，是指他人奪走一些原本開放的選項。干涉的方式包括

直接制止：讓妳選了也不會成功，比方說拔掉妳的網路線讓妳無法出團；也包括威脅，導致原本選項消失，被新選項取代「原本選項與一些妳所不樂見的後果」。比方說：威脅妳再出團就分手。

佩迪特認為柏林對自由的理解的確比霍布斯好很多，但是仍然有所不足：

一、假設同意柏林，妳享有在 A 與 B 之間選擇的自由，不過就是兩個選項皆開放。不只是妳想選的選項，而是對於任何選項，妳都免於受到干涉。

二、依照假設，如果我有能力出手干涉，而且又很壞心，傾向於干涉其中一個選項，妳就不自由。

三、但依照假設，儘管我有能力出手干涉，如果我傾向不出手，妳就享有自由。

四、因此，如果妳知道這個狀況，即使妳無法限制我出手干涉的能力，如果妳能藉由討好我的方式，讓我剛好不打算去干涉妳，妳就獲得自由了。

五、但這很荒謬。妳無法藉由適應我出手干涉的能力來獲取自由。

六、因此原本假設是錯的。自由並非「不受干涉」。（Pettit 2011, P.704）

這同樣是一個簡單的歸謬證法，而關鍵同樣是前提第五點。我們有必要接受「妳無法藉由適應我出手干涉的能力來獲取自由」這個前提嗎？這個前提的合理性，在於適應別人干涉的能力，也就是所謂的討好別人，正好是不自由的重要指標。一個人必須要卑躬屈膝、搖尾乞憐、對人磕頭才能過好日子，正好顯示這個人活在別人的陰影之下。

佩迪特的「自由做為不受宰制」

佩迪特認為自由是不受宰制（non-domination）。所謂的宰制，是指有能力任意干涉。任意干涉則是指能夠毫無代價或以些微不足以嚇阻的代價，讓別人失去原有的選項。自由做為不受宰制，是指無人有能力任意奪去妳原有的選項。要防止別人擁有這種能力有幾個管道：包括天然的障礙與距離，讓對方管不到妳；包括自身反擊嚇阻的能力，讓別人必須為干涉付出慘痛的代價；包括外力的介入，比方說公權力或法律的限制等。而如同上一段所說，討好別人不算。如果別人不干涉只不過是因為偏好、心情、慈悲，那麼妳還是在看別人的臉色過活。

或許有些人會認為這種對自由的理解過於嚴格：一個人實際上是否宰制另一個人，完全不取決於他是否「想要宰制另一個人」。佩迪特直接承認這點，承認自己對自由的理解相當嚴格。舉例來說，如果法律不規範家暴，丈夫又剛好在體能上勝過妻子，那麼妻子不受暴的自由就沒有受到保障。即使丈夫全心全意地愛妻子，妻子不受家暴的現狀仍不過是取決於丈夫的臉色、心情。在這種情況下，必須要有完整的法律保障，才能說妻子有免於家暴的自由。

回到最初「馬」的比喻，騎馬的人就算放鬆韁繩，馬也不算自由。因為馬是否能選擇要往哪邊走，取決於騎馬者的心情。用柏林「門」的比喻，就算每個門都是開著的，人也不見得自由。因為人是否能夠選擇要走哪道門，搞不好取決於管理員的臉色。對人來說，就算沒有干涉，也不見得自由。自由做為不受宰制，在於無人有能力任意干涉，無人有能力決定別人能不能選擇。

宰制與干涉

宰制與干涉的區別或許值得進一步說明。在 Republicanism（1999）和 On the People's Terms（2012）中，佩迪特指出干涉是奪去選項，而宰制則是有能力任意奪去選項。要了解這個區分，可以思考一些「宰制但沒干涉」和「干涉但沒宰制」的狀況。簡單地說，「宰制但沒干涉」，就是有能力出手干涉，但剛好沒這麼做。放鬆韁繩的騎士、心情好沒把門上鎖的管理員、被伺候得恰到好處的主人都有能力任意干涉，只是剛好沒這麼做而已。

「干涉但沒宰制」則是可能出現於非任意的干涉。一個比較知名的案例是希臘神話中，奧德塞經過海妖的地盤時，命令手下把自己綁在船上，以免自己一聽到海妖美妙的歌聲就跳入海中葬送性命。他的行動的確受到了限制，而且是別人出手干涉，但是那些干涉，其實是在貫徹他自己的意志。當自身所受到的干涉來自於他人貫徹自己的意志，就可以視爲自己對自己出手干涉。當干涉是源於自己的時候，就算受到干涉，也不是受到宰制。對共和主義來說，「宰制但沒干涉」是對自由的侵犯；在「干涉但沒宰制」的狀況下，自由則是不受影響。

政治上的一種蘊含

回到一開始的問題，美國隊長到底是在捍衛什麼？有看過相關電影的人，或許可思考一下「洞見計畫」問題到底出在哪？我相信這樣寫應該還沒有透露劇情，而沒看過《美國隊長2》的人或許可以考慮從「自由做爲不受宰制」的觀點去看一下這部電影。當我們說「自由很重要」的時候，通常是在做政治宣稱，是在評價一些制度、法規。或許我們可以思考一下，對自由不同的理解，會蘊含怎樣的政治制度。

如果自由被理解爲**不受阻撓**，那麼或許一個理想、不侵犯自由的政治體制，可以是藉由黨國洗腦讓人民只對統治者給他們的東西有欲望。這種奴化體制下的人民或許很快樂，能把偉大的領導當心靈依靠，但我們可以思考這樣有沒有哪裡不好。

如果自由被理解爲不受干涉，那麼最理想的政治或許是由一個聖賢般的獨裁者，手握絕對的政治權力，統治完全不受制衡。由於他自身的慈善，他不會干涉別人。由於他壟斷所有政治權力，他有辦法制止任何人干涉他人。這種體制下，人民或許受到最少的干涉，但是似乎還是少了什麼。在這樣的社會中，沒有平等。所有的人都臣服於統治者，要看統治者的臉色、依賴他的慈悲。除了統治者之外，沒有人是自己的主人。撇開實際上根本不可能出現這種神話中五百年才出現一次的聖王，撇開政府都是爲了人民好的謊言，即使這種幻想成眞，仍然與尊重人之爲人的自主性和尊嚴，有一段距離。「拿槍指著地表上的每一個人，再稱之爲保護」是包括美國隊長在內，許多人所不樂見的。這種狀態之所以不好，不只是因爲實際上會不會受到干涉，更是因爲這是一種不對等的權力關係。

如果自由被理解爲**不受宰制**，那似乎比較麻煩一些。佩迪特在 On the People's Terms 裡主張，只有在一個健全的憲政民主之中，靠著時時警醒的人民監督政府，人才可能自由：藉由人民自己訂定的法律限制自己、相互限制以便保障自己，確保沒有人可以任意干涉別人，但是自身所受到的限制是自己給自己的限制；人民自己組成政府，監督、制衡當權者，從最基本的選舉、請願、合法抗爭，到違法非暴力的公民不服從，更要隨時做好準備，好推翻濫權的政府，讓政府不敢妄爲、不敢任意干涉人民。「永遠保持警戒是爲自由所付出的代價」；崇尚「和諧」的「順民」則只能任由政府宰割。

如果自由的確就是不受宰制，那麼顯然公民很忙，要隨時準備好「拆政府」才能制衡政府，避免政府有能力任意「拆大埔」。這一切如同美國隊長所說，「自由的代價很高」。

思考問題

① 若我們已經確信自己擁有柏林那種「不受干涉」的自由，那麼，還有必要追求佩迪特這種「不受宰制」的自由嗎？

② 假設民主就是「全體選民擁有決定自己未來的自由」，那麼，從不受阻撓、不受干擾、不受宰制等不同角度去看，香港在中國統治下是否可能有民主？臺灣若要捍衛民主，應該和中國維持怎樣的關係？

佩迪特的自由

現代著名社會理論家佩迪特這種對自由的理解，源於一個悠久的傳統。「自由就是活出自己安排的人生，奴役則是活在別人的權勢之下」是十八世紀共和主義者仿效羅馬共和精神所提出主張。

依照羅馬共和的傳統，所謂「自由人」（ libertas）正好就是指「公民」（ civitas）。做為一個羅馬公民，一些基本權利得到法律的保障，未經審判不得監禁、捆綁。舉例來說，使徒保羅曾被逮捕、毆打，但是他表明羅馬公民的身分就把長官嚇到腿軟。羅馬公民受到法律保障，免於他人任意干涉。相對於公民，羅馬時期的奴隸則是受到主人任意擺布，不受法律保障。有別於羅馬時期只有特定的男性是真正的公民，當代的共和主義主張所有的人都是公民，所有人的自由都必須得到保障。共和主義的共和指涉羅馬共和。佩迪特確實有意識到許多人會聯想到美國共和黨，但是他並不認為其他的稱謂，比方說公民主義之類的會更好。就像一個支持民主的人不會因此被歸類成民主黨員，支持共和主義也很可能跟共和黨無關。

第四篇 陳以森

洪秀柱、無知之幕、承諾的張力

二〇一五年六月，國內掀起一陣憲政改革聲浪，朝野黨團難得有志一同要對目前憲法進行修改，然而國民黨與民進黨對於憲改的具體議案有很大落差。其中一項差異在於國民黨希望能恢復立法院對於總統提名閣揆的同意權，但民進黨則認爲不需把此案排入憲改議程當中。

對此，國民黨主席洪秀柱引用了當代美國哲學大家約翰．羅爾斯（John Rawls）的著名學說「無知之幕」，來批評民進黨主席蔡英文對於立法院閣揆同意權的看法。在這篇文章裡，我想藉由這次洪秀柱的發言爭議，來介紹羅爾斯哲學中一個在中文哲普界鮮少有人提到的面向：羅爾斯的道德心理學。並且，本文將會附帶指出：若引用羅爾斯的道德心理學，我們便可以更合理地理解洪秀柱的發言。

「公平」的分析

洪秀柱說：

「熟悉的美國政治哲學家羅爾斯的著作《正義論》中，有一個重要的理論：『無知之幕』。我們都不是先知，誰知道明年的大選是誰當選總統。在這個『無知』或『未知』的幕後，是所有候選人應該做出承諾的時候。柱柱姊希望看到的是，大家都同意，憲法不應該是有權力之人的工具，而應是責任、規範與約束。因此，柱柱姊我衷心希望所有其他的候選人，也都能做出以上的承諾！」

許多網友根據這段文字指責洪秀柱錯誤引用無知之幕，誤解了羅爾斯的正義論，不懂裝懂。但，真的是如此嗎？要討論這個問題，我們必須先理解羅爾斯的政治哲學到底是什麼樣的哲學計畫。

羅爾斯考慮的是以下問題：

假設有一群自由且平等的人要組成一個社會，需要一套社會正義原則來指引、安排這社會的基本結構，例如政府體制、經濟體制、社會體制（包含家庭制度及教育制度）。那麼，這樣的社會正義原則究竟是什麼？怎樣的社會正義原則才適用於自由且平等的人們所組成的社會呢？

自由且平等的人不能被強迫接受任何社會正義原則。因此，這套社會正義原則必須受到所有人認同。這種主張在哲學上稱爲「社會契約論」（social contract theory）。契約論者透過商人訂立契約作爲模型來解釋社會正義原則的理性基礎。古典的社會契約論者，例如十七世紀的英國哲學家洛克（John Locke），主張人們之所以要組成社會，

是因為每個人無法單獨面對複雜的生存環境，人們之間需要合作。因此，對於契約論者而言，人類社會本質上是一個公平的合作體系。

古典契約論的問題

那麼，怎麼樣才算是公平呢？古典契約論者喜歡用自由市場經濟的模型來解釋公平的概念。他們認為，就如同我們認知在自由市場裡，人們自由訂立的契約是公平的；在自由狀態下，人們訂立的社會正義原則也是公平的。

這種意義下的公平指的是**雙方都同意**、**你情我願**的公平。然而，我們可以想見一個批評：

有個人的財產已經用到山窮水盡。有位大財主知道此人已經走投無路，便利用這個機會向他說，只要他願意簽賣身契當奴隸，大財主願意提供他住宿。此人發現自己除了簽賣身契以外已經別無選擇，所以就答應大財主。

直覺而言，這份賣身契雖然是你情我願、雙方同意的，卻仍然不是公平的。

原初立場

羅爾斯認爲，上述契約之所以不公平，是因爲**訂立契約的雙方都清楚明白彼此的優勢與劣勢**。在這種情況下，強者便可以利用自己的優勢占弱者的便宜。

爲了排除這樣的情況，羅爾斯設想一個假想情境，他稱爲「原初立場」（the original position）。原初立場最重要的一項特色，在於**參與訂立契約的人都不知道任何關於自己本身以及他人的訊息**。也就是說，處在原初立場的人不知道自己的財富階級、種族、職業、興趣、性別、宗教信仰、價值觀、道德觀。用羅爾斯的話來說，處在原初立場的人們都被「無知之幕」給遮蔽了。

羅爾斯認爲，因爲參與訂立契約的人不知道自己以及他人的訊息，每個人都無法利用自身的優勢來占對方的便宜，所以參與者所選擇的契約（也就是社會正義原則）必定是公平的。

舉例來說，假設你處在原初立場。你必定不會選擇容許種姓制度的社會正義原則，因爲你無法確認：一旦揭開無知之幕，你的種姓階級不是屬於奴隸階級。在無知之幕背後，你會合理擔心自己或許就是奴隸階級的一員，因此你選擇的社會正義原則不會容許奴隸制度。

上述只是簡單交代羅爾斯的原初立場、無知之幕、社會契約論等概念。這些概念在中文哲普界已經有許多介紹，茲不贅述。以下集中篇幅介紹中文哲普界鮮少被討論的概念：羅爾斯的道德心理學。

羅爾斯的道德心理學

我們把一個人思考如何解決道德問題的過程稱作「道德思慮」（moral deliberation）。如何選擇恰當的社會正義原則本身也是一個道德問題，所以處在原初立場的人們皆在進行道德思慮。羅爾斯的道德心理學很複雜，而本文所著重的問題在於：

在進行道德思慮時，處在原初立場的人所重視的要素是什麼？是個人利益嗎？是他人利益？還是正義？

許多歷史上的哲學家都討論過這個問題。在十七世紀的英國，霍布斯（Thomas Hobbes）主張人們在進行任何決策思慮時，都只會考量個人利益，例如：人之所以要守信用，是因爲守信用的人通常會獲得比較多的利益。在中國，墨子認爲有德行的人在進行道德思慮時，會將他人的利益放在最重要的位置。而孟子則相信人們在進行道德思慮時會將義視爲首要的價值。那麼，羅爾斯呢？

羅爾斯主張，人做為道德行爲者，除了具備狹隘的自利能力以外，還具備了道德能力（moral powers），而這又可以區分爲「價值觀能力」與「正義感能力」。

價值觀能力：每個人都能依據自我的宗教信仰、哲學信仰、自我承諾等等去形塑，並且因應外在環境的變化去修正自己的價值觀。

正義感能力：每個人都能依據公開合理的正義原則去評估修正自己的行爲，並且願意以正義本身爲理由（而非以自利爲理由）去遵守公開合理的正義原則。

羅爾斯認爲，正因爲擁有道德能力，人類才具有道德地位，可以被賦予道德權利與義務。與霍布斯不同，羅爾斯相信在道德思慮中，人們並不只會考慮個人利益。

利益與高階利益

當然，我們也不能天眞地設想，原初立場中的參與者都是墨家或是儒家主義者。在羅爾斯的構想中，原初立場的參與者都不把他人的利益當作自己的利益。也就是說，他們都不是墨家。這項構想並不是出於哲學的理由，純粹是爲了簡化討論，就好比物理學家時常要假設沒有摩擦力的世界一樣。羅爾斯也規定原初立場中的參與者，在選擇社會正義原則時，並不在意什麼是眞正的正義原則，因此這些參與者都不是儒家。這是因爲他原先想透過公平的契約概念，來解釋什麼是恰當的社會正義原則。如果公平的契約概念本身又預設正義的概念，那麼他的理論就會犯下循環定義的邏輯謬誤。因此，羅爾斯主張原初立場中的參與者只在乎自身的利益。

等等！我們剛才不是已說明羅爾斯的想法跟霍布斯不同嗎？這裡是否有矛盾？

羅爾斯與霍布斯最大的差別，在於他們對於「自身利益」概念的理解不同。霍布斯眼中的自身利益只包含欲望的滿足，而羅爾斯則認爲個人理性價值觀的實現、個人價值觀能力的發展與運用、正義感能力的發展與運用，皆屬個人利益的一部分。此三項被他稱爲「高階利益」。羅爾斯主張，在原初立場中的參與者，雖然不知道自己實際的價值觀、正義觀是什麼，但是他仍然在意他的高階利益是否能夠實現。因此，在選擇正義原則時，他所考量的問題是：

假設我選擇 A 原則，那麼在 A 安排出來的社會裡，即使我身處弱勢階級，能否實現我的高階利益？

正義感能力包含「願意以正義本身爲理由（而非以私利爲理由）去遵守公開合

理的正義原則能力」。因此，在選擇正義原則的時候，參與者也會關切這個問題：

良心問題

一旦被揭開無知之幕，如果我在原初立場所選擇的原則，安排了我所身處社會的基本結構，我能否願意以正義為理由去擁護它？即使我有可能是弱勢？

我們可以這麼說，根據羅爾斯的道德心理學，原初立場中的參與者，在選擇正義原則的過程中雖然是以實現自身的（高階）利益為出發點，最終卻以正義的理由為依歸之一。

你可以看出：越看重良心問題，原初立場裡的人越有機會做出正義的選擇。然而，對於原初立場裡的人來說，良心問題有這麼重要嗎？誠然，正義感能力的發展與運用確實是原初立場中參與者所關切的問題之一，但是他或許更有迫切的理由關切：一旦掀開無知之幕，能否充分滿足他的欲望。搞不好，對於原初立場中的參與者而言，比起滿足欲望，良心問題根本是微不足道的小事？

承諾的張力

羅爾斯利用承諾的張力這個概念來回應此挑戰。假設我今天要跟你打賭，賭注是「輸的人一輩子都要聽贏的人」。你會不會害怕且感到緊張？正常人都會，那是因爲你無法預期對方之後會做出什麼樣的不合理要求。這種因爲未知的永恆承諾而帶來的緊張心理壓力，羅爾斯稱爲「承諾的張力」。

羅爾斯認爲，所有理性的人都會有這種心理狀態，而在原初立場裡，這樣的張力會非常強，因爲當契約（正義原則）訂定，就不可以改變，所以參與者會知道這個契約是一輩子的承諾：當揭開無知之幕，即便自己是極端弱勢，也必須遵守契約。在這樣的情況下，他既無法以私利爲理由去擁護身處社會的正義原則（因爲他是極端弱勢），如果又無法以正義爲理由去擁護該原則，那麼他的生命將會十分悲苦。**因此，在原初立場裡，承諾的張力會把良心問題的急迫性提升到相當高的程度，即便不是最急迫的程度。**是故，在原初立場中的參與者不能把正義原則僅僅當作滿足自身利益的工具，他必須同時要把正義原則本身視爲他的承諾。

如果洪秀杜是在談承諾的張力，就有道理了

現在讓我們回到洪秀杜的發言。洪秀杜的發言針對的是蔡英文對於立法院的閣揆同意權意見。

二〇一四年，蔡英文公開主張我國應採取內閣制。不到一年，她又公開宣稱我國內閣制沒有存在的空間。

蔡英文對此議題的態度在短短一年之內有如此一百八十度的轉變，可能的解釋是在二〇一四年十一月二十九日以前，蔡英文以爲民進黨將無法在二〇一六年贏得總統大選，因此試圖推行內閣制來限縮行政權。然而國民黨在二〇一四年九合一大選中慘敗後，蔡英文意識到自己很有可能贏得隔年的總統大選，不希望自己的行政權被限縮，所以不支持恢復立法院的閣揆行政權。這只是一個可能的解釋，並不見得爲眞，但是**在這個解釋底下，蔡英文把憲法當作滿足個人欲望的工具**。

面對修憲問題，羅爾斯認爲我們應該從原初立場的決策模式來思考修憲的問題。伴隨原初立場而來的是承諾的張力。它會使良心問題的急迫性提升到相當高的程度。**因此，當我們在思考修憲問題時，我們應該要考慮自己能否將修改過後的憲法視爲自己的承諾，我們能否以正義爲理由，認同並遵守自己的憲法，而不僅僅將憲法當作滿足自身利益的工具，即使我們現在無法知道誰將會成爲新憲法底下最大（或最差）的獲利者**。就這樣的方向來看，洪秀柱對於羅爾斯哲學的理解和使用並不算錯，甚至相當中肯。

思考問題

①不同於霍布斯所謂的「自身利益僅止於欲望的滿足」，羅爾斯特別獨立出一種特殊的心理結構，他稱為高階利益。我們可反問羅爾斯的主張是否有足夠心理學證據支持，也更進一步追問：高階利益到底跟純粹的「欲望滿足」有何差別？重要的是，如果有差別，這差別會大到讓我們須放棄霍布斯嗎？例如，有人可以反駁羅爾斯，說高階利益只是長期欲望的滿足，而霍布斯所講的只是短期欲望，所以霍布斯與羅爾斯之間的差別只是長短期的問題，本質上並無不同。你覺得這個批評合理嗎？

②羅爾斯主張：在大法官會議裡，每個大法官應該要依循原初立場模式，假裝自己躲在無知之幕背後，不知道自己所處社會的歷史偶然因素。但是這樣的模式明顯背離法律實務的運作：大法官的論證往往要參照這個社會的歷史國情等等因素。注意到原初立場與大法官實務之間的差距，並不像一般人所謂理想與現實之間要尋求妥協。這種說法隱含目前的大法官會議並不是理想的。但從憲政法理學眼光來看，大法官似乎應該充分了解社會的歷史偶然因素與國情，以做為決策依據。這似乎表示羅爾斯的自由主義政治哲學，與一般國家的憲政法理學之間有根本性的衝突。在思考政治場域最終極道德基礎時，我們該不該把偶然性的歷史性、心理性、社會性等因素納入考量呢？還是說，當我們在思考該問題的時候，永遠只能把這些資訊當作不相關的因素，進而把它們排除在外呢？

第五篇　賴天恆

「不適任的選民」一定要一人一票嗎？

日前新聞報導建中校長徐建國先生語出驚人，認爲民主不一定是一人一票，流浪漢與名校畢業生一人一票才不公平。對此有人批評新聞報導斷章取義；有可能是，也有可能不是，但這不是本篇重點。相關討論可見閱讀最前線〈【朱家安不要偷懶了】建中校長只是舉例嗎？立場揣測的溝通困境〉一文。本篇只是借題發揮，我認爲徐校長的言論觸及了一個深刻的政治哲學問題：一人一票的民主有什麼好？

什麼是民主

比照建中校長受到的批評和譴責，會發現多數人認爲民主必須一人一票。有人更進一步主張民主的定義蘊含一人一票，舉例來說，柏克萊大學哲學教授柯拉尼（Niko Kolodny）就認爲民主必須做到：

任何人對任何影響到自身政治決定，都有形式與非形式上的平等決定能力。

而「形式上的平等」，就是一人一票❶。然而，這樣的回答只重複了民主就是一人一票的說法。更深刻的問題——「爲什麼應該要一人一票」，或者在這個脈絡中變成「爲什麼要民主」——其實還沒有回答到。接下來，我將介紹一個「反對」一人一票的論述。我認爲這套論述很荒謬，然而我只打算在呈現這種論述後，提供幾個簡略的思考方向，讓熱愛民主的大家有一些自由發揮的空間。

「不適任的……」

稍微思考以下兩種可能性：

我可能生病需要開刀。我想自己應該有權拒絕讓不適任的醫生替我動刀。

以及：

我可能需要渡河。我想自己應有權拒絕讓不適任的船夫替我開船。

喬治城大學的哲學教授伯南（Jason Brennan）認爲，這些都是關乎「我」的重大決定，我有權不把這麼重大的決定交在「不適任」的人手中。

民主與「不適任的選民」

依照同樣道理，伯南認爲民主是嚴重的不正義。他認爲許多選民「不適任、無知、不理性、不道德」，但這些「不適任」的選民，即使不適任，仍然手握極大的政治權力。這樣之所以是不正義，在於就像每個人都有權不把自己的性命交在不適任的醫生或船夫一樣，每個人都有權利不把關乎自己生命、福祉、未來的重大決定

❶ 這邊參考了尼可・柯拉尼的論文。Kolodny, N. (2014). Rule Over None I: What Justifies Democracy?. *Philosophy & Public Affairs*, 42(3), pp.195-229.。非形式的平等則包括足夠的時間、資源、資訊、影響力等等。其實在柯拉尼這篇文章以及此篇論文 Kolodny, N. (2014). Rule Over None II: Social Equality and the Justification of Democracy. *Philosophy & Public Affairs*, 42(4), pp.287-336. 裡面，有設法證成民主，有興趣反駁伯南的人或許可以參考一下。

交到「不適任」或「不道德」的選民手中；但民主顯然侵犯這項權利。

或許闡述政治決定的本質，可以讓我們進一步理解把政治決定交在「不適任」的人手中，是多麼可怕的事情。在民主國家裡，由人民決定政府的施政，然而這並沒有改變政府施政的本質：使用暴力來迫使眾人服從。我們通常認爲個人的自主性很重要，除非有「很好的理由」，不然我們無法接受使用暴力強迫任何人做他們不願意做的事情。然而，不適任的選民往往基於無知而做出不理性的決定，更常常做出不道德的決定。這些決定不要說無法構成「很好的理由」，簡直差遠了。

糟糕的是，民主政治才不管這些。對伯南來說，民主政治就是不管選民品質，一律一人一票，完全不過濾「不適任、無知、不理性、不道德」的人。伯南此主張的理由，根本無法合理化使用暴力迫使眾人服從的問題。

知識菁英政治

對此，伯南認爲我們應該放棄民主，改採「知識菁英政治」（epistocracy）。他認爲就像開車需要先考駕照，以確保上路不會傷害自己與別人，擁有投票權之前也應該要先考試，以確保投票的結果不會傷害自己與別人。畢竟眾所皆知，「劣等選民會做出劣等的決定：他們會選出劣等的政治領袖，選擇劣等的政策，更會促使劣等的候選人出來競選。」相對之下，「知識菁英政治」似乎能夠避免劣等選民所造成的問題。

伯南更進一步指出，現存的民主制度事實上都是知識菁英政治：我們不讓低於法定選舉年齡的人投票，而理由多半是因爲他們「不成熟」。然而，相對於透過考試決定誰有投票權，依據年齡決定顯得相對沒道理：年齡到了就自然會「適任」？搞不好跟許多成年人比，未成年的人具有更豐富的知識、更理性、更道德也說不定。

既然民主與伯南提倡的制度都是「知識菁英政治」，而他所提倡的制度相較之下似乎更有道理，我們難道不應該放棄民主而轉向投奔「知識菁英政治」嗎？

一些思考方向

還是這只是「似乎」？或許有人跟我一樣，覺得伯南的主張聽起來很荒謬。然而，聽起來很荒謬並不構成反駁一套理論的原因。我們必須提出理由，才能反駁這套理論。或許以下幾個方向值得思考。當然，如果你直覺上不贊成伯南的理論，或許可以先暫停一下，把你自己的反駁先準備好，再往下看；如果你直覺上贊成伯南，不妨嘗試回應下面所提出的每一條思路。

怎麼考？技術問題：

- 考試怎麼考？到底要考哪些「科目」？要筆試？口試？有任何公認所有選民都該具備的基本能力嗎？還是我們有理由相信任何我們想得出來的考試制度都只會導致極其荒謬的結果？怎麼想都覺得，所謂的「適任選民」只不過是一群「沒比別人適任但又自以為比別人適任」的人自嗨出來的概念。
- 道德要怎麼考？大家都讀過一點四書，滿口仁義道德誰都會，打開新聞看看政治人物就知道。但是如果讓一群知識豐富又滿口仁義道德的人替所有人做決定，難保他們不會圖利自己。相對之下，讓相對「不適任」的人也有投票權，搞不好還能有些制衡。
- 考道德要怎樣不淪為思想審查？更進一步來說，看起來像是「知識」的東西也可以用來審查思想，比方說「我國最高峰是……。」
- 考不過的人，很可能就是因為他們出身弱勢。剝奪他們的投票權，等同於奪去任何改善自身環境的機會。
- 跟上面那點相關，或許得思考一下「投票權補習班」「投票權家教」等可能性對於貧富差距與政治影響力會有的影響。

- 「適任」的選民是不是也有權決定什麼叫做「適任」？如果是的話，誰能防止他們修改考試內容，只讓跟他們類似的人能夠繼續「適任」？

或許民主可以提升選民素質：

我是有聽過一個說法：學會打球唯一的方式就是下場打球。或許有人會認爲依照同樣的道理，成爲合格選民唯一的辦法就是先成爲選民，不斷地練習做決定。相對的，準備任何考試，都只會像熟背球場規則無助於精進球技一樣，也無助於提升選民素質。

- 普選確實是民主重要的一部分，但是不只如此。民主不應該只是不同偏好、政策傾向的加總。相對的，健全的民主包括對話、傾聽、甚至具有破壞性的抗爭。這些過程往往有助於迫使無知、不理性、不道德的選民面對事實、參與對話，大幅提升民主決議的品質。

- 或許投票時不能保證每個人都會理性地投票，但是在審議民主氣氛下，至少公共討論時，連不道德的人提出的理由都必須是公共理由。這是所謂「偽善的文明化之力」，而這有助於提升決策的品質❷。

投票年齡：

- 針對投票年齡，現存民主制度中的門檻實在太高。
- 同樣針對投票年齡，或許門檻並不是基於「心智不成熟」，而是基於其他的理由。但會是哪些理由呢？
- 接受投票年齡門檻至少可以解釋，爲什麼未成年人不需要在刑事上負全責（當然有些國家把這兩者分開，我認爲這很荒謬）。

剝奪政治自由：

- 如果我們推崇共和式的自由（republican freedom），相信任何具有強制性的政策都必須是人自己加給自己的，反對任何人相對於其他人「高人一等」，那麼我們就不能接受任何剝奪個人投票權的理由❸。
- 或許也得考量一下現實穩定性的問題。被剝奪投票權的人會願意服從嗎？還是他們會傾向動用各種其他方式爭取自己的投票權？
- 「知識菁英政治」不只剝奪了部分選民爲其他人做決定的機會，更剝奪了他們為「自己」做決定的機會。從這方面來看，或許「開刀」與「渡河」不是最理想的類比。也許可以更進一步思考家父長主義（父權主義、家長式統治）哪裡不好，然後思考同樣的理由是不是會禁止「知識菁英政治」，以及任何剝奪他人替自己做決定的權利制度。

思考問題

①臺灣社會目前依據年齡、犯罪紀錄、投票當天身在何處（因為尚未實施通訊投票）而禁止一些人士投票。依據上述條件而來的禁止，比起文中討論的「依據是否理性、道德、熟悉相關議題」而來的禁止，會更合理嗎？

②假設我們真的認為一些人不適合投票，制度要怎樣設計，才能有效排除這些人？（或者這樣問：真的存在排除不適任選民的可行方式嗎？）

❷ 關於「偽善的文明化之力」，可參考本書第三章第二篇〈搶救國文、護家盟、制服守舊派與「偽善」〉。

❸ 關於共和式的自由，可參考本書第三章第三篇〈佩迪特的共和主義〉。

第六篇　賴天恆

「自以為客觀」的壓迫：住山上的原住民、溫順的女人、中華民族

社會上有時會談到「物化」，例如有人認爲在車展穿著暴露的模特兒，是對女性的物化。然而，到底什麼是物化？物化爲什麼糟糕？女性主義者哈斯藍爾（Sally Haslanger）在談論「物化」的時候，指出「自以爲客觀性」的認知原則，往往阻礙實現性別平等。對哈斯藍爾來說，「物化」是這樣的：

一、A把B**當成**滿足欲望的對象。

二、當A**欲求**B擁有某項特質時，A就會強迫B擁有該項特質。

三、A**相信**B有該項特質。

四、A相信那些特質是B的**天性**。

自以為客觀與性別物化

對於性欲上的物化則是這樣的：

一、男性把女性**當成**滿足性欲的對象。

二、男性**欲求**女性溫順、像個「物品」，就**強迫**她們溫順。

三、男性**相信**女性事實上溫順、像個「物品」。

四、男性相信溫順、像個「物品」是女性的**天性**。

會有這樣的認知，往往是因爲物化者「自以爲客觀」：他們認爲眞正的規律性來自天性；認爲人必須依照其他人或事物的天性對待他們；認爲唯有不受觀察者干

擾的觀察才能得到眞正的天性，同時**自以爲**自己沒有干擾、影響到被觀察對象。

就性別不平等的角度去看，問題非常明顯：自以爲客觀往往讓人忽略自己造成對方的壓迫與影響，只觀察到「對方事實上都是這個樣子」，就以爲「對方本來就是這個樣子」。既然本來就是這個樣子，想要不這樣就是「違反天性」，就是不對。既然女性的「天性」就是溫順，任何要求平等、自主都是「違反天性」；女性任何想要擺脫男性控制的行爲，都被視爲「違反天性」，就是不對。如此一來，性別平等便極難實現❶。

自以為客觀與各種壓迫

「自以爲的客觀性」不只對追求性別平等形成極大障礙。社會上各種壓迫往往因爲自以爲客觀地觀察到所謂的「天性」，而難以消弭。或許可以思考以下幾個案例：

一、漢人想要原住民的土地，就把原住民當成巧取豪奪的對象。

二、漢人想要巧取豪奪原住民，就把原住民趕到山上。

三、漢人觀察到原住民都住在山上。

四、漢人認爲住在山上是原住民的天性，並稱他們爲「山胞」。

原住民想追求轉型正義，要求政府或「平地人」爲過去的不正義做出合理的補償，往往就會遇到「住山上是你們的天性」「把你們當人看就不錯了」這類的回應。

一、大人想要方便管理學生。

二、大人想方便管理學生而限制學生言論、穿著、表現等等，強迫學生「乖」。

三、大人觀察到學生幾乎都很「乖」。

四、大人相信「乖」是學生的天性，是「學生本來就該有的樣子」。

當學生有所謂「學生本來就該有的樣子」，也就是「乖」的時候，許多會獨立思考的學生便被視爲「不正常」，要好好「管教」。當學生「不乖」的時候，講出的話再有道理，都可以直接忽略。

❶ 以上對哈斯藍爾的介紹與「物化」的探討，來自 Papadaki, E.L.(2008), Women's Objectification and the norm of assumed objectivity, *Episteme*, 5(02), pp.239-250.

一、開大車的人不想要機車擋路。

二、開大車的人不想要機車擋路，便透過政策強迫機車走上外側或「機車專用」車道（而這些車道路況差，受到起步、停靠的車輛夾殺，同時需要面對無預警車門開啓所帶來的危險）。

三、開大車的人觀察到機車都走在外側或「機車專用」車道（且因行駛於較危險路段導致死亡率較高）。

四、開大車的人相信走外側或「機車專用」車道是機車的天性（甚至以爲機車本來就比較危險）。

當機車族爭取路權，或者說爭取「較安全行車環境」的基本權利時，決策者往往罔顧事實，繼續自以爲「爲了機車族」好，把機車族逼上死路。

一、有錢人想要減少成本。

二、有錢人想要減少成本，就把年輕人當成剝削的對象，壓低年輕人的薪水。

三、有錢人觀察到年輕人領低薪。

四、有錢人相信領低薪是年輕人的天性。

而當年輕人抱怨社會經濟結構上的不平等時，許多有錢人完全忽視自己正好就是剝削者，只知道要怪年輕人「沒競爭力」。在這樣的思維模式之下，自然可以繼續心安理得地剝削年輕人。

一、執政當局想要推行官方語言。
二、執政當局想推行官方語言，就打壓本土母語，使其成為非主流語言。
三、執政當局觀察到本土母語非主流。
四、執政當局相信非主流是本土母語的天性。

至少在當前的教育政策上，執政當局就是繼續以這種方式輕視本土母語，甚至宣稱推行本土母語「無法走上國際」「撕裂族群」。

一、中國政府把各個不同民族當成統治的對象。
二、中國政府把各個不同民族當成統治的對象時，就強迫各個民族學習漢文化、說普通話、捨棄原名取漢名，強迫他們「承認」自己是中國人。
三、中國政府觀察到各個不同民族都受到漢文化影響，都說普通話，都捨棄原名取了漢名，都「承認」自己是中國人。

四、中國政府相信各個不同民族本來就是中國人，與所謂的「中華民族」本是同根，自古以來便是中國神聖不可分割的一部分。

這就沒有必要多說了。中國政府想要統治誰，誰就是中國人。

少自以為客觀

社會上的各種壓迫成因複雜，但是「自以爲的客觀」絕對是消弭這些不平等的重大障礙。當人們不斷以「本來就該有的樣子」思考時，受壓迫者爭取權利便成爲「違反天性」的無理取鬧。當受壓迫者的聲音被視爲無理取鬧時，自然就可以繼續忽略，以至於各種迫害難以消除。如果我們眞心想要消除社會上的各種不平等，至少就需要先想辦法停止這些「自以爲的客觀」。

思考問題

①假設我們發現，同性戀平均而言比起異性戀較不快樂，擁有憂鬱症等心理疾病的比例也較高，我們能不能因此主張：心理狀況較差的同性戀，比較難以組成穩定的家庭，因此不該享有婚姻的權利？

②我們真的有辦法避免「自以為的客觀」嗎？

第七篇 邱怡嘉

規則沒有指出好處，為什麼我們還有理由照著做呢？

守則X：「本公園禁止遛狗。」

哲學家：那麼我們就不可以帶小狗來玩了，眞可惜。

友　人：可是明明守則X也沒說遵守它有什麼好處，我們幹嘛遵守？

哲學家：恩？它有啊，只是你沒看出來罷了。

友　人：你說什麼？我不懂，不如你來解釋給我聽……

一般來說，規則的內容，正如守則X，並不會指出遵守「規則規定的那個行爲」（不要在公園遛狗）有什麼好處。然而，對一些哲學家來說，若要能夠指引我們的行動，規則就必須指出「做這件事有什麼好處」才行。因此，一個重要的問題出現了：「如果沒有說明遵守規則對我們有什麼好處，我們為什麼有理由依循規則行動？」以下跟著法理學家拉茲（Joseph Raz），去看看他怎麼回答這個問題吧！

理由、價值與規則的隱蔽性

「行動理由」（reason for action）是那些能指引我們做或不做某件事的事實。然而，一個事實要能夠發揮指引的功能，可能還需要具備一些性質。在法理學家拉茲看來，理由是一種「與行動好處相關的事實」：一個理由要能正當化我們的行為，它必須指明「此行動的好處何在」，例如：

天氣冷，「我穿外套」這個行為乃是基於「保持身體健康」的這項好處，因此，「有助維持健康」就是我穿外套的理由。

拉茲的這個看法，稱為「基於價值的理由論」，因為主張「做某行為的理由」與「該行為帶來的好處」之間有緊密關連。由此想法出發，我們可以回答在日常生活中許多「為什麼我應該這樣做」的問題。然而，它能處理關於規則的問題嗎？仔細一想，會發現一般的行動理由跟來自規則的理由之間，有一些顯著差別：

一般的行動理由：透過指出某個行動中的好處來正當化行動，例如，我不帶狗進公園，是因爲避免髒亂這個好處。

規則做爲行動理由：雖然也是行動以及正當化行動的理由，但規則並不見得指出服從規則所指示的行爲有什麼好處，例如，有守則X規定「禁止帶狗進公園」。此時，與一般的行動理由不同。從表面上看，我們看不出遵守這個守則X而「不帶狗進去公園」會有什麼好處。

拉茲將規則的這個特殊性質稱作「規則的隱蔽性」（the opaqueness of rule），並指出正因爲規則有這種性質，從而在「規則構成我們行動的理由」與「規則內容要求我們做的行爲好處」之間存在

不一致的現象，拉茲稱這個現象爲「規範性縫隙」（normative gap）。以上這些論點，在我於烙哲學專欄的〈沒好處，就不用守規則嗎？規則與規範性的哲學討論〉❶這篇文章裡有過簡要的敘述，然而該文還有一個問題尚未回答：

若規則不直接指出好處所在，那我們到底爲什麼有理由遵守規則？

遵守規則的好處不是來自於我們對規則內容的評價

拉茲認爲，規範性縫隙並非絕對，當問起「規則如何能夠做爲我們行動的理由」時，我們的回答終究要回歸到評價性的判斷上，也就是勢必要去追尋「規則做爲行動理由指向什麼好處」。規範性縫隙的存在告訴我們，規則構成我們行動的理由，但並不指出它所要求的這個行爲會帶來什麼好處，這構成規則的一個重要特性：若要能合理地說明爲什麼規則可以構成行動的理由，我們所要做的不是考慮「規則內容所要求的行爲有什麼好處」，而是規則構成行動理由這件事「本身」有什麼好處。換句話說，「規則爲什麼可以構成我們的行動理由？」以及「規則內容所要求我們做的行爲好處爲何？」這兩個問題的答案是相互獨立的。拉茲將此特性稱爲「獨立於內容的證立」（content-independent justification），舉例來說：

守則X：「公園不可以帶狗進來」

守則X之所以能構成我們行動的理由，不是因爲「不帶狗進來」這個行爲帶來的好處，而是因爲「遵守由公園管理處所定的規則，可以帶來秩序與社會協調」這個好處。

面對「規則作爲行動理由指向了什麼好處？」這個問題，我們可以這樣回答：遵守規則的好處與規則所規定的內容好處無關，因爲規則之所以可以做爲我們行動的理由，是本於另一個跟「規則所規定內容好處」無關的優點，也就像是「公園管理處所訂的規則會帶來秩序與社會的協調」這樣的優點。同時，這個好處在正當化「公園不可以帶狗進來」（守則X）構成我們的行動理由之餘，也可以用來說明另一個完全相反的規則：

守則X：「公園可以帶狗進來。」

若公園眞的有守則X，那麼，守則X之所以可以構成行動的理由，不是因爲「帶狗進來」這個行爲帶來什麼好處，而是由於「公園管理處所訂的規則會帶來秩序與

❶ 此篇網路文章的連結如下：https://opinion.udn.com/opinion/story/6685/919274

社會的協調」這個好處。

我們會發現，拉茲之所以藉由獨立於內容的證立，來說明爲什麼規則能構成我們行動的理由，其背後的眞正意涵是：規則是藉由權威機關（國家、管理處等等）訂定的，而正當化權威機關訂定規則的理由之一，正是「藉由權威機關訂定規則，可以爲我們的生活帶來秩序與協調」。正是在這個背景下，拉茲認爲藉由獨立於內容的證立，我們便解答了規則隱蔽性的難題：

> 規則雖然沒有告訴我們遵守它所要求的行爲有什麼好處，但它之所以能夠做爲我們行動的理由，是因爲規則做爲行動理由並不是基於「規則內容要求我們做的行爲好處」（例如「不帶狗進公園」這個行爲帶來的好處），而是與之無關的其他好處（例如「由公園管理處所定的規則，可以帶來秩序與社會協調」）。由此，我們就回答了規則爲什麼能夠成爲我們行動的理由。

規則帶來了新的、獨立的理由

拉茲更進一步從獨立於內容的證立得出了所謂「自主性命題」（the autonomous thesis）：

規則的存在本身就構成了行動的理由，而這些理由一旦是沒有這些規則存在，就不會存在的理由。

這個命題表達了規則存在本身能夠指引我們做或不做某件事情。舉例來說，對於友人的疑問，我們便可如此回答：

一、如果要尋找不帶狗進公園的一般性行動理由，我們可能會找到「避免製造環境髒亂」「避免傷害他人」等等的價值或好處。

二、然而，一旦是以守則X的方式規定「不可以帶狗進公園」時，守則X便構成了一個額外的理由，來支持我們不要帶狗進公園。亦即產生了一個「守則X要求我們不可以帶狗進公園」的新行動理由。

自主性命題總括了規則相對於一般行動理由的特殊性，也就是規則本身是我們賴以行動的理由，並因規則的存在，會有一個截然不同的理由去做或不做某件事。

小結

近年來「理由」做爲規範性研究領域中的一個熱門概念，有許多理論家相繼提出截然不同的論點，本文引述拉茲的看法其實只是對「規則爲什麼能作爲我們的行動理由」這個問題的其中一種回答，有些哲學家同意「規則可以是我們行動理由」的主張，但對於「爲何如此」則採取與拉茲不同的見解，更有些哲學家認爲規則並不是我們行動的理由。囿於篇幅在此無法詳細說明，但當代哲學的「理由轉向」，爲我們在規範性的諸多問題上提出了很多深刻的思考，值得我們持續留意。

思考問題

①拉茲「獨立於內容的證立」認為，我們之所以服從規則，並不是因為規則內容本身有什麼好處，而是基於獨立於規則內容的其他價值。你有被這項主張說服嗎？想想看，如果你真的完全沒有其他理由去做規則規定的事情，那麼規則的存在本身足以構成你守法的理由嗎？單單依靠規則給予的理由，足以支撐我的行動嗎？還是有其他原因使得我們服從於規則呢？依照拉茲的理論，你覺得他會怎麼回答這個問題？

②依據拉茲推導出的「自主性命題」，規則的存在會給予我們一個「獨立」「額外」的行動理由，但真是如此嗎？規則的存在是否只是確認我們應該怎麼做，而非給予我們額外的理由？比方說，不允許在公園遛狗的一般性行動理由的價值本身，就能支持你不要在公園遛狗，而規則的存在只是保護或確認這項行動價值而已，而非給予我們額外的理由。請問你支持這種主張嗎？為什麼？跟拉茲的理論相比，哪一個比較有說服力？

第四章

性別

性別和婚姻背後的哲學思考

引言　朱家安

「人不照天理，天不照甲子……呵呵。」

「怎麼了？」

「我在看有人又發表什麼好笑的言論了。」

「雖然好像很好笑，但如果他們想說的其實是『自然地生活很重要』，你還會覺得好笑嗎？」

「好像就沒那麼好笑了。但是這和同性婚姻又有什麼關係？」

「性別的觀念其實很根深柢固，像是自然、婚姻等等的概念，它們的相互關係其實很複雜，值得好好想想。」

承接二〇一六、二〇一五、二〇一四以及過去好幾年，二〇一七又是同性婚姻合法化論戰的一年。

怎樣算是歧視？婚姻的意義是什麼？異性戀才是自然的表現嗎？婚姻平權議題對一些人來說攸關生活，在哲學家眼裡則涉及豐富的抽象概念論辯。

在「性別」這一章，我們準備了四則論證，它們或許無法為上面這些問題提供最完整的答案，不過它們的洞見和交鋒，或許有機會成為你接下來思考的起點。

第一篇 馮一凡

「同性伴侶」和「同性婚姻」：差一點，差很多

目前世界各國對於同性伴侶法制化的方式，大約可分爲：一、經由立法部門於民法典內直接修改婚姻定義範圍；二、於民法典外，另制定專法規範同性伴侶權益，但仍命名爲「婚姻」；三、僅以「民事結合」或「伴侶」名義，另訂專法保障同性伴侶權益。

在臺灣最早可追溯至二〇〇一年由法務部提出的《人權基本法草案》，以及二〇〇三年由立法院蕭美琴委員提出的同性婚姻法草案，但最後無疾而終。近年則是二〇一二年後，由民間的臺灣伴侶權益推動聯盟推動《多元成家草案》，以及立法院內尤美女、鄭麗君委員主推的《民法九七二條》關於《民法》內婚姻定義的修法案，帶動社會正反雙方激烈的爭辯。

為了回應這一波對於同性伴侶權益的論爭，二〇一五年七月，馬英九政府提出《同性伴侶法》。當時的法務部認為民眾對於「同性婚姻」的觀感不佳，且為避免社會制度瞬間發生重大改變，故主張以「同性伴侶法（暫定）」為漸進式立法的方向。而二〇一六年政黨輪替後，蔡英文政府下的法務部旋即委託清華大學在考量社會影響的前提下，研擬我國「同性伴侶法制」之具體條文，先保障同性伴侶的各項實質權益❶。法務部提出的調查數據顯示，其中約六成民眾支持同性婚姻，也約有六成民眾支持同性結婚之伴侶共同收養小孩，法務部所謂的社會觀感為何實在耐人尋味。

《聯合報》二〇一五年七月十九日新聞〈確立權利義務關係　法部決推「同性伴侶法」〉，末段提及「據了解，法務部前年委託學術機構民調，五三．七％的受訪者同意同性者可結婚，六一．一％受訪民眾贊成同性結婚者可收養小孩，六七．九％的受訪民眾認為同性結婚家庭收養的小孩會受到影響。」

❶ 法務部委託清華大學林昀嫺副教授及黃詩淳副教授辦理「同性伴侶法制實施之社會影響與立法建議」委託研究案。

同性婚姻的相關論爭常以「自由」與「平等」概念出發，然而，當正反雙方爭執點落在「自由」與「平等」的不同理解，爭論往往難以解決。面對這樣的困境，本文試圖轉移角度，從「政治」與「權力」來重新理解這個議題。

從「政治」與「權力」談論婚姻/伴侶的權利

所謂「政治」與「權力」，並非一般人想像關於「如何獲得選票」「如何攻擊政敵」或「利益交換」之類的負面印象。這裡的「政治」與「權力」，其實是描述「個人或群體如何影響他人，而他人又會如何回應這樣的影響」。

例如，家長可以要求小孩寫功課，代表家長對孩子有「權力」；家長可以依據自己的意願與想法讓孩子去寫功課，甚至厲害的家長可以影響孩子寫功課的品質。另一方面來說，若小孩以各種方法（耍賴、討價還價……）反抗家長的要求，也是一種「政治」的表現，呈現出孩子如何回應家長「權力」對他的影響。畢竟孩子可能不希望家長一直強迫他寫功課，他或許只想吃零食、玩耍甚至睡覺。（請大家不要糾結在小孩的本分是否該好好寫功課，這個只是個例子而已。）

「家長究竟應該如何要求小孩」，是家長和小孩之間日常的政治關係。同樣的，我們究竟應該以什麼制度來保障非異性戀者之間的關係，也是高度「政治」的議題。它牽涉到臺灣人如何看待非異性戀者與他人的關係，也有關大家如何理解這個社會的多元價值與差異。

雖然本文礙於篇幅無法舉證，但放眼歷史，我們可以合理地這樣說：「無論在臺灣或其他國家，同性戀者與其他性少數群體，長久以來幾乎都是受壓迫的。」僅僅因爲這些族群與多數人有不同的性傾向或性實踐，就被政府及民眾視爲「不同的一群人」，因而應該遭受「不一樣的對待」。

如同臺灣大學法律系陳昭如教授在模擬憲法法庭的協同意見書，她認爲性傾向的差異是被人爲界定、被挑選出來的。只要是不

喜歡吃菜的話
有幫你特別準備喔，
但是要去旁邊吃。
為什麼不能用
一樣的碗一起吃…？
大家一起吃
不是很溫暖嗎…？

同的個人、人群及民族，彼此之間多多少少都有差異，但我們並沒有把「所有」舉得出來的「差異」都視爲需要差別待遇的理由，我們是先「人爲」挑選差異，再依照部分被挑出來的差異爲準，進行「合法」的差別待遇。

例如，臺灣愛滋條例曾於第十八條規定❷，若外籍人士在臺灣經醫療院所通報感染愛滋病毒，就須在一定期間內離開臺灣。這條法律一直到二〇一五年一月才刪除。

想想看，爲什麼我們會刪除這樣的法律呢？是因爲臺灣控管愛滋病毒的技術能力變強了，以至於就算讓更多感染者留在臺灣也無所謂嗎？其實不是，這條法律的修訂刪除，是呼應國際對愛滋感染者的去汙名化，而放寬或取消相關出入境限制的潮流。由此可以看出，從過去政府認爲感染愛滋病毒的外籍人士應該盡快出境，到現在政府認爲他們跟其他外籍人士之間不需要有差別待遇。這些理由的轉換，其實就是「政治權力」運作的結果。

政府拒絕「同性婚姻」另立專法，是「政治權力」運作的結果

就像在過去，有些人基於對愛滋病患的刻板印象，認爲我們可以合理地對外籍

感染者進行差別待遇一樣，同樣的思維也體現在法務部的作爲上。亦即，法務部以社會觀感不佳爲由而考慮另立「同性伴侶法」，不僅透露出我們對於不同性傾向的看法，更隱而不顯地認同這樣的差別待遇是合理可接受的。

當反對同性婚姻的人（例如護家盟），面對一群異性夫妻，他們通常不會想到這些夫妻之間多少存在一些差異。例如，可能有一組夫妻生理上無法生育，另一組夫妻則根本不想生小孩，而第三組夫妻，則很有可能不小心生下小孩，卻無力撫養。這些差異在護家盟眼中並不會被凸顯審查，也不會成爲夫妻不能結婚的理由。

然而，當護家盟面對的是一群同性伴侶，他們的要求就會瞬間變得嚴格。他們會提出挑戰，認爲同性伴侶若想要擁有結婚的權利，就要證明自己能在生育上有所貢獻，例如：與配偶自然生育小孩，或提出刺激生育率及減緩少子化的方案。

---

❷《人類免疫缺乏病毒傳染防治及感染者權益保障條例》。其原第十八條已於二〇一五年一月修訂刪除，原本條文如下：「中央主管機關對入國（境）停留達三個月以上或居留之外國人、大陸地區人民、香港或澳門居民，得採行檢查措施，或要求其提出最近三個月內人類免疫缺乏病毒抗體之檢驗報告。前項檢查或檢驗結果呈陽性反應者，中央主管機關應通知外交部或入出國管理機關撤銷或廢止其簽證或停留、居留許可，並令其出國（境）。外國人、大陸地區人民、香港或澳門居民拒絕依第一項規定檢查或提出檢驗報告者，中央主管機關應通知外交部或入出國管理機關撤銷或廢止其簽證或停留、居留許可，並令其出國（境）。」

伴侶盟及尤美女立委等人推動的同性婚姻法案《民法第九七二條修訂法案》，是以法律權利的平等做爲訴求，希望政府保障同性伴侶的關係。我們可以解讀爲，一群人站出來對抗因爲性傾向差異而被壓迫的生命經驗，並讓國家承認：「抱歉，我們長久以來錯了，雖然彼此間存在差異，但我們現在應該平起平坐。」

反過來說，即便「同性伴侶法」跟「同性婚姻法」在法律上能讓同性伴侶獲得一樣的保障，但只要考慮到法務部使用凸顯差異的立法手段，與幫助弱勢的施捨心態來看待同性伴侶的關係，我們就應該思考：這樣的法律是站在「誰的立場」？以什麼「動機」去設立？而設立之後強調出來的又是哪些「差異」？

例如，若政府選擇「同性伴侶」而非「同性婚姻」，是因爲「同性婚姻的社會觀感不佳」。那麼，我們就更可以說，政府描繪的是一幅異性戀者應該獨享婚姻，而其他非異性戀者和一般異性戀者在法律上所擁有的是不同權利的圖畫。這樣的圖畫和法律，無異於是在強化並凸顯性別與性傾向差異的刻板印象。

特別法是種隔離，隔離並不平等

美國的黑人曾經不被允許與白人共同就讀一間學校，在現今的臺灣，制訂特別法造成的隔離效果，就跟這種種族隔離一樣不恰當。在推動「同性伴侶法」的過程中，政府身爲掌握資源與權力者，並沒有讓非異性戀社群參與決策，也無視社群的需求與意願。並且，礙於社會觀感不佳的壓力另立他法，也等於是在爲宗教和保守勢力認爲的「可以理所當然對非異性戀進行差別待遇」之印象背書。

當政府只看見非異性戀者與異性戀者之間的差異，並且認爲這些差異足以排除非異性戀者與異性戀者共享婚姻的機會，即使同性伴侶法帶來了法律權益上的保障，但也帶來了社會價值觀上的「隔離」。而隔離，只是一種假平等。

思考問題

①文章中以「權力」觀點說明非異性戀族群因為缺少資源與政治影響力，而被其他人決定該如何生活。你認為還有哪些群體也有類似被他人決定該如何選擇的處境？他們所缺少的資源與政治上的處境為何？

②目前臺灣政府基於扶助弱勢的理由，提出一些差別待遇的政策，而讓某些族群受益。例如：提供身心障礙補助或制定婦女保障當選名額，彌補這些族群在經濟與政治上的弱勢。你是否同意這些屬於合理的差別待遇？假設你屬於這些族群，你同意這個政策嗎？

凸顯差異的立法手段、幫助弱勢的施捨心態……

若從積極平權（affirmative action）角度審視同性伴侶法，理解非異性戀者長久以來處於政治、經濟、歷史及文化等面向的弱勢地位，因此需要更積極的制度與法律保障幫助他們擺脫弱勢的困境，這樣也無法自圓其說。希望進入同性婚姻的人們不見得願意接受法務部這種「需要幫助」的設定，再者，中央政府也不太可能實際保障這類非異性戀者的「文化」與「實踐」。最高法院曾以原住民的歷史文化權利，撤銷原住民違反《槍砲彈藥刀械管制條例》的有罪判決，最高法院認為「狩獵」是原住民基於傳統文化，維持社會結構與爭取認同的重要社會化行為，因此原住民持有槍械，在特定範圍內得以主張是文化實踐而免受法律限制與處罰。政府似乎不太可能讓同性伴侶享有較異性戀夫妻更多的福利與豁免，例如：完全免稅或提高年度免稅額度等，甚至具有某些實質的經費補貼。如此一來，政府拒絕讓同性伴侶共享目前民法婚姻制度的保障，而另立「同性伴侶法」這樣的專法來保障，顯得更難自圓其說。

第二篇 王人俊

當心！主張同性戀不自然，可能導致你不能穿褲子！

反同性戀團體穩定提供哲學普及者批判性思考教材，是我們一向放在心中感念萬分的事。（有嗎？）在上次同志婚姻合法化遊行後，好像叫「護家盟」，又好像叫「下一代幸福聯盟」的反同性戀團體便迅速聲明了他們一貫的主張：

「同性戀是不自然的，我們堅決反對同性婚姻合法化。」

生物學背景的朋友可能會笑出來，想說難道反同性戀團體打算接受演化論了嗎？不過，在生物學家跳下來指出科學研究的反證之前，我們或許可以先提醒護家盟：若要以「自然」做爲原則來規範人的行爲，必須要小心處理，因爲一個不好，可能會弄得自己再也不能穿褲子。

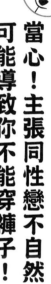

反同性戀團體基於自然的主張，基本上可以整理成這樣：

同性戀不自然。
不自然的東西都是壞的或錯的。
因此，同性戀是壞的或錯的。
壞的或錯的事物不該合法化。
同性戀婚姻不該合法化。

然而……

「自然」是什麼意思？

「自然」有很多歧義。比較傳統的意義上，它通常指「除了人類本身以外事物的原初狀態」。然而，有時這個定義也會把人類本身的原初狀態包含在內。有時候「自然」用來代表「人類未經文明影響前的樣

貌」；有時「自然」只是代表一個人跳舞不像我一樣僵硬扭捏，或是「這件事情很普通、很正常」，例如「熬夜趕稿時，想打《異塵餘生 4》是很自然的。」

另外一類的定義則主張：「生物所能展現出來的潛能和行爲，都是自然的一部分」。我所知這類定義中推演到最極端者，大概要屬生物學家道金斯，他認爲既然人類是自然演化的一部分，人類潛能受制於自然演化基因，人類的造物也算是人類基因「延伸的表現型」，當然算是自然。

因此，太空梭也是自然的一部分，跟水獺的壩、螞蟻蓋的蟻丘沒有本質上的不同。

最後，還有一種比較特殊的「自然」定義，屬於宗教性質。在西方神學理論中，所謂的「自然」是指神安排給受造物的「目的」，達成神的旨意才是自然。不過這種「自然」定義有幾個問題：

一、這個定義只對信神的人有意義。

二、哪個神的教義說了算？做爲一個虔誠的飛天義大利麵怪物信徒，我必須指出，以本教莫西八戒的第六戒要求來看，義大利麵神要求我們對抗歧視他人者，而且必須在吃飽後進行，顯然這才是偉大麵神替人類安排的目的。

不知道能不能由麵神教來主導宗教性的自然定義呢？我相信絕對比力行同性戀抹殺行動的伊斯蘭國和平許多。

簡單說明至此，可以看見「自然」的語義非常多樣，並且可能彼此矛盾。我們該如何合理的詮釋反同性戀論證裡提到的那個「自然」呢？宗教性的自然似乎不適合，因為：

一、沒道理用反同性戀教會上帝的目的論，而不是由我們偉大、開明且比較關心信徒健康飲食的麵神決定。

二、做為政教分離的世俗國家，關於婚姻和性行為的宗教見解還請留在臥房裡自己解決，我其實不太想知道。

三、反同性戀團體似乎非常努力地希望大家不要把他們當成奇怪的狂信者，在各種文宣中努力地撇清和宗教的關係。顯然他們也不覺得，用宗教來定義「自然」或「人該做什麼」是正常的做法。

其他的定義哪個適合呢？

一、如果生物展現出來的潛能都屬於自然，那同性戀也是自然的，這個定義會導致反同性戀團體的原始主張不成立，顯然無法適用。

二、「跳舞難看」這種不自然，在舞會結束後就不重要了。並且就算是在舞會裡，我們通常也不會禁止跳得難看的人跳舞呀！

三、用「自然」來形容「正常」呢？一個問題是，任何對「正常」的主張都是獨斷而任意的。編輯顯然不會同意拖稿打《異塵餘生4》很自然，快點把稿呈給他校對才自然。這種連編輯和寫手間都喬不定的自然定義，大概也不適合拿來當政策主張的定義使用。

沒褲子了怎麼辦呢？

考慮到其他的可能都剔除，只好根據我所能想到的各種自然定義中，挑出剩下的**「包含人類在內事物的原初狀態」**，考量到反同性戀團體經常強調「同性戀是後天的」「同性戀是社會鼓勵建構的」和「只有人類會被教導成同性戀」而推敲起來的反同團體認知中，人類原初狀態是沒有同性戀的。看來就是這個定義了！多麼漫長的推論過程啊！

根據這個分析出來的結論，我們能做出如下的類推：

「褲子不自然」的論證

一、褲子是不自然的。（你看到沙灘上有條褲子，你會覺得那是自然隨機演化出來的嗎？一定是智慧的中國紡織工織造後，被潮水沖走的。）

二、不自然的東西都是壞的或錯的。

三、因此，褲子是壞的或錯的。

四、我們必須反對壞的或錯的事物合法化。

五、我們必須反對穿褲子。

（感謝反同性戀團體爲推廣天體營文化所做的努力，引領臺灣人追求展現身體露天美學的重責大任就交給你們了！）

反同論證的問題在哪？

事實上，這次反同性戀團體犯的錯誤，是叫做「訴諸自然（appeal to nature）的非形式謬誤」。這在批判思考學者的分析下，有兩種基本形式。

第一種：

A是自然的。

因此，A是好的或對的。

第二種：

B是不自然的。

因此，B是壞的或錯的。

很顯然的，這種論述裡的自然定義經常不明確，甚至於各種「自然」的意義彼此矛盾。「原始狀態」的自然和「習慣成自然」的自然，在意義上很可能就是誓不兩立。因此在訴諸自然時，其實往往是在拿語意模糊的話來搪塞。又或者心中已經有獨斷的定見而沒有提供證據，只是用「自然」一詞強迫你接受他偏頗的前提，這種說法在邏輯學上稱爲「丐題謬誤」。

訴諸自然有個常見例子，叫做「自然就是美」。這邊所謂的自然是指不能化妝呢？動作不扭捏最美嗎？還是「有化妝但高明到看不出來」呢？沒穿褲子算自然美嗎？其實我們並不知道這句話所謂的「自然」原意爲何，但這句話經常成爲「何爲美」的見解。

有沒有一種「自然」的見解可以讓反同團體的主張看起來合理些呢？有個主張認爲「生物的共同點就是繁衍，可以使生物繁殖續存才是自然，同性戀無法繁殖是不自然的。」這看起來好像有點道理，然而，這個主張忽略生物界充斥著「本身不繁殖，協助其他親屬繁殖」的生物個體，這也是一種「使生物得以繁殖」的演化策略，包括各種昆蟲以及許多群居哺乳類動物。同性戀個體可以協助照顧親屬子女，增加繁衍數量，是一個確實可以觀察到的生物現象。「可以使生物繁殖續存」顯然不能只看個體本身來決定，同性戀本身不繁衍，也不能說同性戀就「不自然」，這個定義仍然是說不通的。

反同團體可以怎麼辦？

簡單的分析後，我們便能了解，大多數情況下，用訴諸自然當理由，我們根本不知道你到底確切在主張什麼。「A不自然」也不能做爲反對或禁止A的理由，我們可以輕易找出各種定義中「不自然」的行爲，而這些行爲並沒有被禁止。你不能夠要求人類保持在原初狀態，永遠不穿褲子鑽木取火、用石器打破長毛象的腦袋（沒長毛象給你打了，哭哭）；人類也不需要活在某個獨斷思想暴君的板模框架中，滿足他的「正常」要求。

因此，若反同性戀團體希望讓自己的主張有說服力，就必須更進一步指出，他們的「自然」到底是什麼、有什麼理由讓整個社會都該配合。畢竟如同前文所述，這種重要概念，如果隨便使用，後果可能是很嚴重的。

當然，套句當年我連上輔導長的名言：「這也是一種生存方式，雖然我個人不贊同。」反同性戀團體完全有權利繼續堅持謬誤的信念，並且實踐到底。如果他們堅持訴諸自然，並實踐信念不穿褲子，誰能說什麼呢？

思考問題

① 你能想到其他「自然」的可能定義嗎？能否設想出一個合理的使用方式，既不會犯下「訴諸自然謬誤」，又能讓護家盟穿上褲子呢？

② 「男人／女人就應該要ＸＸＸ才自然啊！你／妳這樣好奇怪。」「人長大了自然就要結婚生小孩啊！你／妳都幾歲了，快點找個人結一結啦！」「現代科學一直在扭曲自然，市面上的產品都充滿了化學添加物，還是純天然的飲食最好。」類似的對話充斥在日常生活中，如果你在身邊碰到了「訴諸自然謬誤」，你會如何辨識出它們、了解它們的錯誤，並且於外在的人際互動，以及內在的心理調適上加以應對呢？

第三篇　張子龍

你真的有想過護家盟在想什麼嗎？沒有，你只想到自己

近年來，同性婚姻合法化逐漸成爲臺灣社會的共識。然而少數反同團體，例如護家盟、下一代幸福聯盟、信心希望聯盟等等，仍然堅持立場。面對這些反同團體，挺同團體發展出一套固定的回擊策略：「**反同團體就是腦殘、沒有邏輯！**」

然而，我認爲這樣的看法是有問題的，因爲理性討論最忌諱的就是「以人廢言」和「雙重標準」，即便反同團體常常說出很荒謬的言論，也不代表他們所有的言論都荒謬。甚至有些時候你還會發現，我們用來批評他們的論證，和他們用來反駁同性婚姻的論證，竟然在結構上有著驚人的相似性！

當我們在嘲笑護家盟沒有邏輯時，也許，我們嘲笑的其實是我們自己。

歸謬，筆戰時的必殺利器！

根據維基百科的定義：歸謬法（Reductio ad absurdum）是一種論證方式，首先假設某命題成立，然後推理出矛盾、不符已知事實或荒謬難以接受的結果，從而下結論某命題不成立。

王人俊在〈當心！主張同性戀不自然，可能導致你不能穿褲子！〉這篇文章中，就是使用「歸謬法」對反同團體的主張進行批評，他的論證可以分成兩個部分：首先，釐清反同團體使用的論證。其次，使用歸謬法證明論證不成立。

- 反同團體主張：「因爲同性戀是不自然的，所以我們反對同性婚姻。」
- 這個主張背後隱含的原則是：「因爲××不自然，所以我們反對××。」

但是「自然」有很多歧義，包括：「除了人類本身以外事物的原初狀態」「人類未經文明影響前的樣貌」「這件事情很普通、很正常」「生物所能展現出來的潛能和行爲，都是自然的一部分」以及「神安排給受造物的目的，達成神的旨意才是自然」等五種，反同團體沒有明確說明他們採用的是哪一種「自然」的定義。

王人俊在分析之後，認爲只有「除了人類本身以外事物的原初狀態」比較能和反同團體的其他主張相容，例如：「同性戀是後天的」「同性戀是社會鼓勵建構的」和「只有人類會被教導成同性戀」，似乎都暗示在反同團體的認知中，人類原初狀態是沒有同性戀的。

• 然而，如果我們同意使用「除了人類本身以外事物的原初狀態」這個定義來理解「因爲××不自然，所以我們反對××」這個原則，那麼我們也必須接受「因爲穿褲子不自然，所以我們反對穿褲子」的主張，很明顯，這是個荒謬的主張。

• 因此，使用這個定義來理解的「如果××不自然，那麼我們就應該反對××」是有問題的。

• 既然「如果××不自然，那麼我們

就應該反對××」有問題，那麼根據這個原則得出的「因爲同性戀是不自然的，所以我們反對同性婚姻。」也是有問題的。

換句話說，除非反同團體有其他對「自然」的定義，否則在使用「除了人類本身以外事物的原初狀態」這個定義來理解「因爲××不自然，所以我們反對××」的情況下，想要用「因爲××不自然，所以我們反對××」來推論出「因爲同性戀是不自然的，所以我們反對同性婚姻。」是不成立的。

從這例子我們可發現，「歸謬法」是非常強大的武器，它可以用非常簡單、清楚的方式指出對方思考的盲點。問題是，有些時候，「歸謬法」也會有失靈的問題。

歸謬還是滑坡，傻傻分不清楚

二〇一六年的六月二十六日是個令人振奮的日子，美國聯邦最高法院宣布，同性婚姻應該受到美國《憲法》保障，然而反同團體並不同意美國大法官的判決，例如下一代幸福聯盟就在臉書批評：

「如果相愛就可以結婚的話，那麼『爸爸跟女兒相愛，可以結婚嗎？』請注意，女兒已經成年了喔，是兩個成熟獨立的個體，他們都覺得愛對方也願意跟對方結婚。同樣的問題，兩個成熟獨立的個體：『媽媽跟兒子相愛，可以結婚嗎？』再延伸這個問題，既然兩個人相愛就可以結婚，那麼三個人相愛可以結婚嗎？四個人呢……」

這些問題突顯了一個關鍵，顯然婚姻的構成要件「不是只有相愛」。

對此，許多人的反應是：「**這是滑坡謬誤！**」

什麼是滑坡謬誤（slippery slope）呢？簡單來說，滑坡謬誤指的是從某個前提出發，經過一系列推論，得到一個不合理的結論，然而中間的推論卻沒有合理的論證。

下一代幸福聯盟的論述，看起來很符合「經過一系列推論，得到一個不合理的結論，然而中間的推論卻沒有合理的論證」描述，問題是，它似乎也符合「歸謬法」的描述啊！

它同樣是針對「如果兩個人真心相愛，那麼我們就應該同意他們結婚」這個主張，找出背後隱含的原則：「如果○○真心相愛，那麼我們就應該同意○○結婚」，然後再根據這個原則，推導出一個我們不能接受的主張：「如果父女真心相愛，那麼我們就應該同意父女結婚。」因此，反證「如果○○真心相愛，那麼我們就應該同意○○結婚」這個原則有問題，根據這個原則得出的「如果兩個人眞心相愛，那麼我們就應該同意他們結婚」也是有問題的。所以，我們要嘛就是找到其他「相愛」的定義來排除「父女相愛」的狀況，要嘛就是承認「如果○○眞心相愛，那麼我們就應該同意○○結婚」並不能做爲支持同性戀婚姻的依據。

這整個推論，看起來沒有任何問題！那麼，爲什麼我們同意王人俊對反同團體的批評，卻不同意反同團體對美國大法官的批評呢？

反同團體到底犯了什麼錯誤呢？

「當你排除了一切不可能的因素之後，剩下來的東西，儘管多麼不可能，也必定是眞實的。」

——夏洛克·福爾摩斯

答案是：**反同團體沒有犯錯，犯錯的是我們**。

很多人可能不能接受這個答案，因此我將分成兩個部分進行說明。

一、討論的時候，語境非常重要，切忌斷章取義

朱家安在臺灣吧的哲學哲學雞蛋糕節目中，於《一不小心就吃大便的歸謬法》

影片裡，提過這麼一個例子：

小明沒有寫完功課就跑出去玩，媽媽問他爲什麼這樣，他如此回答：「因爲小華叫我出去玩。」

媽媽罵他：「難道小華叫你去吃大便你也要吃嗎？」

請問上面這句話是成功的歸謬，還是滑坡呢？如果只看這句話，它應該是個滑坡，因爲「出去玩」和「吃大便」之間存在明顯落差。可是，如果媽媽是在質疑小明「小華叫我做什麼，我就做什麼」的前提，那麼它好像又符合歸謬的定義了。因爲這個前提的確可以推論出「叫你吃大便就去吃」的結論，邏輯上沒有問題。那麼，我們到底要怎麼分辨呢？其實，答案很簡單：**看對話的脈絡**。

在原本的例子，也就是脈絡A裡面，小明只說：「因爲小華叫我出去玩。」媽媽就罵他：「難道小華叫你去吃大便你也要吃嗎？」說這就是歸謬，是有問題的。

然而，假設有個脈絡B：

媽媽在罵小明之前先問他：「所以小華叫你做什麼，你就做什麼嗎？」小明回答：「對啊，因爲我們是好朋友。」

在這種情況下，媽媽罵：「難道小華叫你去吃大便你也要吃嗎？」就沒有問題，是成功的歸謬。（除非，小明覺得吃大便無所謂。）

換句話說，儘管在脈絡Ａ裡面，「小華叫你去玩你就去玩，那小華叫你去吃大便，你也要吃嗎？」這句話是個滑坡，但這不妨礙它在脈絡Ｂ裡面是個成功的歸謬，這是兩回事。因為，這就是歸謬的目的啊！脈絡Ａ的滑坡有多荒謬，脈絡Ｂ的前提就有多荒謬，因為正是這個前提，使得脈絡Ａ的荒謬滑坡在脈絡Ｂ裡面卻成了合理的推論。

所以，同樣的道理，「如果今天允許同性戀結婚，那明天就是亂倫，然後是人獸交了！」這句話單獨來看確實是滑坡，可是如果它是在回應「如果相愛就可以結婚」的話，它就不是滑坡，而是成功的歸謬。

二、別人的質疑是對的，不代表我們的主張就是錯的

看到這裡，可能會有人質疑：「你的意思是，反同團體的質疑有道理，所以我們不應該支持同性婚姻嗎？」並不是這樣，事實上，那些只用一、兩個簡單原則做出的判斷，大都難逃歸謬法的質疑。例如我們可以設想一個原則：

如果××對人產生傷害，那麼××就是不好的。

它成立嗎？有時候是，像是「毒品」會對人產生傷害，所以「毒品」是不好的。那麼「把人關起來」呢？把人關起來也對人會產生傷害，所以我們也不應該把人關起來？好像不是這樣，因爲我們會想要把壞人關起來——所以這個原則錯了嗎？

不，這只說明了，除了這個原則之外，我們需要其他原則進行輔助。

例如：

如果○○是個壞人，那麼對○○產生傷害的××就不是不好的。

然而這個原則，雖然可以解決前面的問題，卻又會產生新的問題：我們也不同意對壞人使用私刑。於是，我們必須再加入其他原則，不斷修正我們的信念，讓我們的立場更合理和完整。

基於同樣道理，當我們面對反同團體說：「如果相愛就可結婚，那父女相愛也可結婚嗎？」的時候，承認他們的質疑有道理，不代表我們錯了，這只說明了我們在「如果相愛就可以結婚」之外，還需要加入其他原則，才能成爲一個完整的論述。

如果你同意我在這篇文章提出的觀點，如果你眞的在意說話的邏輯，那麼下一次，在碰到這類「乍看之下似乎是滑坡謬誤的質疑」的時候，也許可以不要急著嘲笑對方沒有邏輯，或者認爲對方就是想要找碴，而是反過來，試著把這些質疑看成善意的提醒，它們不是爲了打垮你，而是爲了幫助你把自己的想法表達得更完善。

「那些殺不死我的，將使我變得更強壯。」

思考問題

小明：「狗和牛豬一樣，都是動物，為什麼不可以吃？」小華：「如果只要是動物就可以吃，那你今天吃狗，明天是不是就吃人了？」小明：「人和狗不一樣啊，人是同類，狗不是。」小華：「狗和牛豬也不一樣啊，狗是人類最忠實的朋友，牛豬不是。」

① 小華的反問是合理的歸謬，還是滑坡呢？

② 你覺得是小明說得有道理，還是小華呢？

第四篇　洪偉

肛門，護家盟，存在主義

台北市和桃園市舉辦同志婚禮，遭到護家盟譴責。護家盟認爲市府此舉是在鼓勵同性戀、同性戀性行爲，以及肛交：

> 男同志婚禮背後是肛交，市府難道是要教導下一代，肛門不僅排泄糞便，用於性功能也無問題？
>
> ——護家盟

護家盟認爲「人體部位各自有其特定功能，這決定了它的使用限制。」你不難想像這種說法會引起爭議，也確實有許多思想並不會同意護家盟的看法。從根本上完全反對「人體部位的功能決定了人應該怎麼生活」的最基進思潮，就是我們今天要談的：存在主義。

什麼是存在主義？

存在主義（Existentialism）是一種社會思潮，十九世紀中發源並盛行到二戰之後。它不只是學院裡的哲學，更是社會、宗教與藝術的潮流。你可能聽過一些比較有名的存在主義哲學家名號，例如沙特、齊克果、尼采、馬瑟爾等。雖然這些哲學家共同關心「人怎麼活」的問題，但各自的回答很不同。

譬如，齊克果做爲虔誠的基督徒，主張應該當一名「非凡的基督徒」（雖然教會普遍不接受他的學說），而尼采則認爲應該將人生經營成「藝術品」。

除了關心類似的問題，存在主義者通

這是設計成出口的洞！
不能把東西放進去！
那我便祕怎麼辦？

常有一些熱衷討論的概念，包括盲信、荒謬、眞實性、他者、焦慮、絕望等。也因此，存在主義開啓了一個傳統上哲學家並不擅長的副本任務：將各種生命情境「帶」到人們面前。

爲了觸碰這些問題，以此主題來創作的文學家包括卡繆、赫塞與卡夫卡等等，他們依此開闢另一條讓人檢視存在課題的路徑。從這些哲學表現的多樣，你可以看出存在主義者之間並沒有特定的哲學或文學的方法論。然而沙特曾經總結，認爲存在主義者其實有個共同信條：「存在先於本質」。

存在？本質？

歐陸哲學的基本訓練之一，是小心區分術語間的細微差異。要妥善理解「存在先於本質」，我們必須知道「存在」和「本質」有什麼不同。在語詞探討上，歐陸哲學家有一種常見的「招式」，從字源出發，然後再加工（因爲歐陸哲學家製造術語的時候，也通常都會從字源有的意義來進行）。在這裡我們或許可以這樣試試看：

「存在」（exist）的字源是拉丁文的「ex」（向外）與「stare」（站）。因此，

「存在」帶有「（從某處）站出來」或「去成爲某東西」的意思。

「本質」（essence）是從「esse」（to be）而來。

因此，「本質」指的是事物「眞正的本性」❶。重點在於，「本質」比「存在」更加純粹。例如說，我們也許能夠從各種方式使用肛門、摸肛門、說肛門、想肛門、看肛門，把握各種肛門的「存在」，但這些又沒有一個稱得上是肛門的本質。當我們談到「存在」，就**像是**只談到了事物特定條件下的特定樣貌。相較之下，若是談到本質，就**像是**我們談到了一件事物的核心。

「本質」看起來純純淨淨，但「存在」則充滿各種多樣複雜的面向（髒髒亂亂的），而且單單從各種面向來看都滿片面的，也難怪古典哲學家如柏拉圖，會認爲如果有永恆價值的話，應該要存在於本質那裡。

❶ 在這裡，我不會太細緻地去討論「存在」的意義。我曾經在〈《露西》的哲學探討〉（http://wayneh.tw/blog/2014/09/11/lucy-being）這篇文章中試著討論過，有興趣的話歡迎參考這篇文章。

所以「存在先於本質」到底是什麼意思？這跟肛門又有什麼關係？

在存在主義出現前，許多重要哲學家都認為本質有能力給予存在各種理性限制，進而認為人的存在最好要能彰顯生命的某種本質。譬如，他們有些人可能會主張：既然人是被（某種超乎人類的東西）設計成具備理性能力，那麼人類的生活必須符合理性的限制；既然肛門是被設計成具備控制糞便通過和切斷糞便的能力，因此肛門的使用應該符合這樣的限制。

存在主義者從根本上反對這樣的看法，他們認為本質與其說是天生的，或被設計出來的，不如說是文化、社會所建構出來的，包括各種原則、標籤與禁忌等。因此，那些被看成是來自本質的東西，在存在主義者眼裡，更像是屬於人文的、是不完美的、起源於（有點髒髒的）人性的。而種種存在的條件、價值的短暫與生命的本性（存在主義者稱之為眞實性，facticity），則會帶來必然的焦慮、荒謬與絕望。

這種人生命本身的焦慮、荒謬與絕望，構成了存在主義者所關懷的「存在困境」

問題核心與欲面對的問題❷。出於對存在困境本身的洞察，存在主義者認爲人決定如何存在，不應該由本質所決定，而是先有了（部分盲目的）信仰，才決定人應該如何存在、應該如何活著。

「存在先於本質」的意思可以這樣理解：

並沒有什麼超越人的存在或本質的東西在規範人的生活、決定人的存在，而是先有人的存在、先有人面對了自己的存在處境，是人先主動地選擇了信仰，事物才擁有其本質。

換句話說，即便在某個社會中，肛門只能用來控制排泄物，這也不是因爲造物者或自然規律規定我們肛門本質就只能這樣用，而是有肛門的人出自某種信仰，決定以這樣使用肛門的態度而活著，如此而已。

為什麼還談存在主義？

既然存在主義是起源於西方的、又是好像有點過時的東西，那我們爲什麼現在

❷卡繆有一個著名的短篇〈薛西弗斯的神話〉，他就在這故事中展示了生命的無意義與荒謬。

要來談它呢？首先，存在主義雖然起源於西方，但我們沒有理由認為在時代與文化之別中，人的存在困境就會消失。反而是在各文化脈絡中的存在主義，都有其批判的面向。誰說只有西方有本質主義呢❸？我們可以看到，即便是在臺灣，許多「因為本然如此，因此應然如此」的說法依然俯拾皆是。

其次，這些說法往往並不提供理由，而是直接引用文化符號的價值。不管是肛門也好、同性性行為也好、AV女優也好，人們似乎不必給出什麼太有說服力的說法來佐證自己的政治或道德立場，而是可以透過某種詮釋，以「這本來就很髒／難看」的簡單的句子就足以交代。面對這些現象，存在主義更可以提供必要的、深沉的、對於人類生命處境的反思契機。

最後，我想補充並回應一種常見疑難。也許有人會質疑，假如就連肛門的使用都不能給予規範，那麼存在主義是否意味著道德虛無主義？是否根本就沒有任何值得遵守的道德規則？沙特曾主張「存在主義是人文主義」（humanism），在這樣的批判觀點下，依然無礙於我們將道德規範看成來自人類共存的東西。人被如何創造、長怎樣，決定的是人存在的條件。譬如：人不能如鳥、如魚、如富二代，人有某些欲望、傾向、畏懼，是存在處境與條件，然而這些條件都只是屬於真實性的，而非告訴我們「應該如何存在」，或是「不應該如何存在」。但這並不意味著存在主義就無法給予道德解釋，即便這樣的解釋是人性的、髒髒的、世俗的、不需要上帝的、悲觀的。道德虛無主義類似於存在主義者的懷疑論，存在主義者並不會屈服，而會與之對抗。

思考問題

①有些人認為高中職學生應該要穿制服，因為「穿制服才有學生的樣子」，你認為存在主義者會怎麼回應這種說法？此外，存在主義會接受「騎機車應該要戴安全帽」這種說法嗎？在我們的生活中，還有哪些立場和規範會受到存在主義者反對？反過來說，到底有沒有任何立場或規範能讓存在主義者滿意呢？

②存在主義簡單來說就是「生命應該怎麼活」的問題，但是他和「○○雞湯」、「ⅩⅩ羅盤」有哪裡不一樣？

❸「本質主義」（Essentialism）事實上是來自波普爾（Karl R. Popper），而非當初存在主義者的用字。

第五章

自己

關於你是不是你，哲學有話要說

引言 朱家安

「我一直在想，我真的存在嗎？」

「什麼？」

「我是說，我看起來好像存在，但是有沒有可能這其實是幻覺？」

「……」

「你幹嘛不理我？」

「我在想，要是你真的不存在，我還答理你，那我不是很蠢嗎？」

在這個章節，我們要來討論一些跟「自己」相關的哲學問題：

我能確認我自己的存在嗎？

我怎麼知道今天的我和明天的我是同一個人？

你可能對這些問題的答案很有自信，甚至覺得沒有質疑的餘地。
不過，你的自信禁得起哲學的挑戰嗎？在翻開下一頁之前，你是無法確定的。

第一篇　周大為

「我思故我在」的神推論

如果有人認爲瀕死經驗能證明死後世界的存在，這會是在鼓勵大家體驗瀕死嗎？當然不是。同樣的，「我思故我在」並非一段鼓勵大家思考的勵志語，而是哲學史上一個重要的論證。這個觀念在十七世紀由法國哲學家笛卡兒提出，意思是：「我在思考，可以證明我存在。」

大衆廣泛地認爲笛卡兒是現代哲學之父，因爲他一方面突破了當時流行的傳統經院哲學路線，另一方面開創了新的機械性科學。笛卡兒認爲傳統經院哲學的方法是有問題的，因爲它以感覺做爲知識的來源。而笛卡兒試圖突破過去的方法，理由是他相信理性比感官知覺更爲可靠，例如從我們作夢的經驗可知，感官經驗可能是假的。當時的知識大多建立在透過感官而得到的經驗，這樣的知識具有可能性，而不具備絕對的確定性。笛卡兒嘗試解決這樣的限制。如幾何學一般，他希望找到一些不證自明的公理做為基礎，以建立嚴謹的知識體系。在笛卡兒心目中，知識體系以形上學為根基，物理學為主幹，而醫藥、機械、倫理學為三大支系。換言之，感官知識的正確性還須建立在正確的形上學根基上。

承上，笛卡兒想要找到知識的基石，讓其他知識能夠建立在這個穩固基礎上，而這個知識的基石必須經得起各種懷疑的挑戰，被認為是「不可懷疑的」確信事實。笛卡兒把知識體系的建立形容為蓋房子，他要把不穩固的部分通通拿掉，從最穩固的地方開始蓋起。（這個立場在知識論上被稱為基礎論。）

從這個標準去看，笛卡兒發現，絕大多數我們平常認為是事實的知識，都經不起這個考驗。事實上，在古希臘便有一哲學派別稱為懷疑論，他們對人類擁有各種知識領域抱持著懷疑的態度，甚至懷疑人類的理性本身是可靠的。笛卡兒的懷疑方法與前者相似，但關鍵的差異在於笛卡兒的懷疑並非最終答案，而是建立知識的起點，他認為能夠找到即便極端懷疑論者也難以合理懷疑的信念。

假設我是疑心病極重的懷疑狂，試圖懷疑任何事情。我可確信外頭高空掛著太陽嗎？不行，那可能不是太陽，可能是外星人做的燈泡。我可以確信我聽到街上的音樂嗎？不行，那可能是我腦中的幻聽。我甚至可能懷疑——就像電影《楚門的世界》一樣——我從小到大的常識與判斷，會不會全都是錯誤的。或者像電影《駭客任務》一樣，連我的身體都是我的錯覺，真實的我只是一個從未離開培養皿的型男。

笛卡兒假設有一個全能的惡魔在欺騙他，整個世界都是惡魔製造出來欺騙笛卡兒的幻覺。以上，笛卡兒所使用的一種找到「不可懷疑之事實」的方法，被稱為「懷疑的方法」，即嘗試一種極端懷疑的態度，直到找到難以被懷疑的信念。

當然，不是所有人都同意笛卡兒的看法。當時有一位學者皮埃爾·伽桑狄對笛卡兒作法提出批評，他認為既然笛卡兒對於我們的知識抱有存疑，為何不從有疑惑的那些知識開始檢驗，而要極端地「普遍懷疑」一切知識，去假設有惡魔在欺騙我們，難道這不是更令人難以相信嗎？針對這質疑，笛卡兒以「籃子中的某個爛蘋果」做比喻來回應：當你的籃子中有某顆爛蘋果，而你並不知道是哪一顆，但其病菌會傳染，此時唯有將蘋果全部倒出來一顆顆檢視，你才能確保整籃蘋果的安全無虞。

而實用主義哲學家皮爾斯也曾對笛卡兒提出批評，他認為極端的懷疑論是自欺的，正確的懷疑應該要出自合理的理由。

然而笛卡兒並非反對我們一般擁有的知識、常識，而是他認為，眞正的「知識」應建立在相當令人確信的基礎上，而非靠猜測、直覺、感覺所累積起來的見解。笛卡兒的觀點與十七世紀科學發展頗有相似意味，當時的科學知識打破人們過往的常識：地球感覺是靜止的，但其實在轉動；地球感覺是平的，其實是圓的。另外，笛卡兒並不認為有人會眞的懷疑他的手腳、家人、世界等眞的不存在。動搖這些日常信念並非他眞正意圖，他想問的是：我們能否為這樣的信念找到穩固的知識基礎。

不知懷疑多久，最後笛卡兒認為他終於發現一項不可懷疑的事實，就是「我在懷疑」這件事：即便所有須透過感官認識的外在事物都是可懷疑的，至少「我在懷疑」這件事是我無法懷疑的。即便惡魔要欺騙笛卡兒，至少有一件事是笛卡兒確定的，那就是笛卡兒必須存在，否則他要如何受騙呢？於是，笛卡兒完成了一個論證：

一、我在懷疑，因此我在思考（懷疑是一種思考，沒人要反駁吧）。

二、我在思考，因此我存在。

這就是笛卡兒著名的哲學命題：「我思故我在」。須注意的是，這並非表示我必須不斷思考，否則我就不存在了。思考只是證明「我存在」這項事實的一個方法。類似我摸摸口袋，發現我的皮夾依然存在，但這不表示我不摸口袋時皮夾就不存在了。（這個誤解的梗有個延伸笑話：有一天笛卡兒走到一個酒吧，酒保問他要不要喝酒，笛卡兒回答：「我不想……」（I don't think），然後就砰的一聲消失了。）

「我在懷疑」這件事是不可懷疑的嗎？

是。

懷疑嗎？當你在懷疑時，你已自己再次證明這件事了，是吧。（下次有人向你質疑「我思故我在」論證時，你可用士官長「懷疑啊！」的語氣來回覆他。）笛卡兒認為，這件事是如此的清楚、明確，以至於反對這項命題是沒有任何道理的❶。

或者我們可以這麼想：我們可以懷疑外在事件是否存在，懷疑我們對外在世界的判斷是否正確。但是我們的主觀經驗對我們自己來說，具有一種無法反駁的眞確性。我看到一位美女，我感到快樂，也許其實沒有美女在那裡，那是一個幻覺，但是「我感到快樂」這件事是無法反駁的。如是，每則外在經驗的感受，都協助建立起「我存在」的直覺，也就是直覺存在著一個領受各種感覺經驗的受者。

於是，從推論上來說，「我思故我在」是一個難以反駁的論證；而從直覺上來說，「我存在」的直覺也同樣難以動搖。就後者來說，我們可以把「我思」替換成別的活動，例如「我生氣」「我興奮」「我難過」等等，這些心靈活動都反映出心靈活動者——「我」——的存在❷。

❶此外，有人認為笛卡兒其實將「我存在」視為一件「無法懷疑」的信念，但這與「事實」（truth）仍有差距，因為「無法懷疑」或許未必是「事實」。

❷此處用「我××」來證明「我存在」的這種思路，比較屬於直觀式理解，畢竟「我××」在直觀上必以「我存在」做為前提，因為「我××，但我不存在」是難以接受的。但即便是直觀性的理解，前提的真確仍然很重要，而在笛卡兒的理論中，心靈狀態比外在判斷的真確性更高（你感到痛，比你認為有針在刺你，前者更具真確性），所以用主觀的心靈活動來證明我存在，是比較合適的。

所以我確定「我存在」，但「我」是什麼？

前面提到，從直覺上，我們無法懷疑自己存在。從推論上，「我懷疑」恰恰證明了「我存在」這件事。但是這個推論其實還有一個隱藏的前提沒有被提出來，只有提出這個前提，論證才是完整的。這個前提是——「凡思考的事物，便存在」：

一、凡思考的事物，便存在。

二、我思考。

三、因此，我存在。

哲學家們在此處有不同意見。姑且不論前提一，前提二的「我思考」是什麼意思呢？你可能認為這個問題近乎愚蠢，我就是我啊，人稱台北金城武，這問題很難回答嗎？

請各位回想一下，在笛卡兒的「惡魔騙你思想實驗」中，所有外在事物都可能是假的，包括你的身體、你身上練成一塊的腹肌、你與金城武不相似度百分百的容顏，以及你的妹妹，可能都是你的幻覺。因此笛卡兒「我思故我在」所能證明的我，充其量只能是個「會思考的東西」。沒有腹肌、沒有金城武、沒有妹妹。

甚至有別的哲學家進一步認爲，當「思考」發生的時候，充其量就是有個思考在發生，你甚至不能假設有個「東西」在思考。

我們可以如此反問，無論如何，「你在思考」與「我在思考」是不同的事情吧，所以我們仍要用一個指稱詞來指涉那個在思考的主體，儘管我們不確定那是什麼。

笛卡兒認爲我們只知道那是一個「會思考的東西」。而哲學家休謨（David Hume）認爲我們的心靈僅是一連串的心靈活動串在一起，並不表示有一個「心靈實體」在承受這些活動。佛家說五蘊（色、受、想、行、識）、無常、苦、空、無我，與休謨的觀點頗爲相似。哲學家齊克果（Kierkegaard）則強調了直覺的角色，「思考」必定是「我在思考」，並非我思「證明」了我存在，而是在心理上我們必須如此相信❸。

看起來大家對這個「能思考的我」究竟是什麼的意見莫衷一是，也許是一個靈魂，或者其實就是你的腦，或者是腦裡面的腦電波，或者它是一種自我意識，統攝我們各種心理活動。總之，我們大抵能同意「我思故我在」，但這個「我」具有何

❸ 休謨與齊克果的觀點，參見維基百科針對「我思故我在」的介紹。

種意義還有討論的空間。

證明外在世界的存在

前面提過，證明「我」的存在，只是整套知識體系的基石。接著笛卡兒還希望進一步證明外在世界的存在。

按照笛卡兒心目中的因果律，萬事萬物皆有其因，而就某種角度而言，原因必具有其結果的屬性，它才能衍生這個結果。例如磚塊很堅硬，所以蓋出來的房子也很堅硬。

據上所述，笛卡兒認爲我們的心靈可以「清晰而明確」地想像一個完美的概念，但這個概念不可能來自我們自身，因爲我們是「有限的存在」。換言之這個概念必須來自一個完美的存在，也就是上帝。上帝在概念上必須是完美的存在，而完美的存在也必須是實際存在的。若它是虛假的，則有違其完美之定義。笛卡兒認爲，如果去設想有一個不完美，意即不實存的上帝，便如同去設想一個內角和非一八〇度的三角形，這是不合理的。

再據上所述，一個完美的上帝必定誠實善良，所以必定不會容許有個「全能惡魔」欺騙我們這樣的事情發生。因此，我們能夠確信對外在世界的認識是眞實的。這可眞是名符其實的「神支援」，稱之為神神支援好了。

心身之間的關係

笛卡兒的理論蘊含了一種想法，就是心靈可以獨立於身體而存在。當笛卡兒在進行前文所提的惡魔思想論證時，他提過也許我們僅具有心靈的存在，而身體是虛假的。儘管這只是一種設想，卻表明了心靈與身體兩者的相異性與可分離性。而身體與心靈在概念上截然不同的兩種實體，如何互相影響並有因果關係，對笛卡兒而言成為一個問題。對此，笛卡兒接受了當時所流行的一種觀點，在大腦核心位置有一個被稱為松果體的部分，負責處理身體與心靈相互運作的任務。這也成為後來哲學領域中常被討論的心身問題。

笛卡兒的處世原則

前文提到，笛卡兒認為倫理學在知識體系中是位於由形上學和物理學所延伸的分支，同時他也認知到一種要求絕對確定性的態度，只能應用在理論或者形上學的層面，在實際生活上卻不可行，因此有別於在理論層面所要求的確定性，他曾提出了四條供參考的處世原則：

一、遵守我國的法律、習俗。信奉天主教。對於所有事情，從那些最明智的人的意見中，採取最中庸的意見，來管理自己。

二、在行動上盡可能的堅定和果決，一旦採取了一項意見，即便它如此令人產生疑惑，也應持續貫徹。

三、嘗試提升自己重於提升財富，嘗試改變自己的欲望重於改變世界的法則。

四、檢視各種行業，並選擇最好的。

在實際的生活中，我們無法在取得完全的確定性之後再付諸實行。因此，在沒有肯定答案之前，跟隨前人的智慧，是獲得適度且明智的生活好方針。而一旦決定了方針，便應該貫徹執行，若因爲心生疑慮而猶豫不前，將因爲原地踱步而導致最後一事無成。笛卡兒以走出森林爲比喻說明，縱使無法百分之百肯定方向，朝著某一方向直行，最後的結果也比待在原地要好。

關於第三點，世界上很多事情超出我們的能力範圍，當欲望超過實際所有，會帶來苦惱，因此當外在世界難以改變時，不如試著改變內心欲望。第四點是笛卡兒比較猶豫是否該將其做爲處世原則的，因爲他自己也未必因檢視了其他的職業而選擇哲學工作。總言之他想要強調的是，學習如何判斷好壞並做出好的選擇，是相當重要的。

「我思故我在」的影響

笛卡兒的「我思故我在」觀點在哲學史上造成很大的後續影響。因爲他嘗試用一種新的思考方法，挑戰前人所累積的知識，並找到一個穩固的知識基礎，而從這個基礎，透過嚴謹的思考或實驗所建立的知識，也就同時具有穩固性。這類似亞里斯多德所認爲的：在時間中變動的世界必定有一個「不動的推動者」做爲世界的起始點，笛卡兒認爲知識的基礎應當要建立在一個不可動搖的基礎上。

然而，笛卡兒所完成的，也許未如他心中的藍圖那樣完善。透過這個方法，笛卡兒最後證明了「自己」的存在，但是論及如何保證外在知識的正確，他還是訴諸了一個善良不欺的上帝來駁倒這個騙人惡魔存在的可能性，而這個這理論上的缺陷也是較爲後人所詬病的。

此外，當代的知識發展也不盡然如笛卡兒所預想的。我們現在傾向仰賴一個相對可靠的知識基礎，並建立假說，直到假說經不起考驗而被推翻。

笛卡兒理論的獨特性在於，這個知識基礎不是透過外在經驗的觀察而獲得，而是透過沉思而得。相信知識並非純由經驗而來，有些知識可純粹藉由理性能力獲得，這種立場被稱爲「理性主義」。在某些知識領域中，「理性主義」的特質確實明顯，例如邏輯、數學、形上學等知識，似乎可以僅藉由抽象思考來掌握。

但是這個傾向也有一些缺點，我們能否確定這些知識是純粹藉由理性所建立起來?它們難道沒有我們的某些經驗做爲基礎？再者，「我思故我在」若不依靠神支援，將留下一個「獨我論」的可能弊病。透過這種思考法我只能確信我的存在，其他的人對我而言只是生命的配角，不值得我去關心，甚至他們也許只是我的幻覺罷了。宅到發瘋大概就像這樣。

當然，獨我論也非笛卡兒的本意。總之，哲學家麥莫瑞（Macmurray）建議我們不能只會「思考」，主張「我做故我在」（I do, therefore I am），所以宅宅們還是找時間動一動吧。

思考問題

①電影《人造意識》中有一橋段形容美國抽象滴畫畫家波樂克的作畫方式：如果他畫下每一筆前都要充分確定，他將不會畫下任何一筆。同樣的，在日常生活中有很多事情我們必須在不確定性下接受或者判斷，這是否與笛卡兒的知識論觀點似乎頗為不同？你覺得呢？

②笛卡兒對於感覺知識的不信任以及對理性方法的重視，使得他常被歸類到「理性主義」的陣營，你同意笛卡兒的想法：「感覺和直覺常常是會騙人的」嗎？

第二篇　阿捷

「我思故我在」真的無容置疑嗎？

哲學家笛卡兒的「我思故我在」，應該是最廣爲人知的哲學名言。名人作家都愛引用它，可惜大多一知半解、胡說八道，甚至像《超譯尼采》一樣超譯它。「我思故我在」。多霸氣的文言中譯，難怪吸引人。

若用白話表達，即爲「我思考，所以我存在」，不但語感上頓失韻味，字面意思看起來也不特別，像句空話。但實情是，它在西方哲學史上影響深遠，歷久不衰。到底它蘊涵什麼重要哲學意義，令康德、黑格爾、萊布尼茲等大哲學家都如此重視？這就要從笛卡兒的懷疑論方法（the Method of Doubt）說起。

建立知識，如建築房子，需要堅實的地基

我們自以爲正確的日常知識，常常後來被發現錯誤。這本該是大家習以爲常的

現象，嚴謹的笛卡兒卻極爲不滿。他認爲知識就該正確無誤，但我們的知識系統混雜了不少錯誤觀念。如果慢慢挑出錯誤的部份，然後刪除，確實並非好辦法。因爲知識系統裡，觀念之間的關係千絲萬縷，我們以爲沒有問題的觀念，也許是建基於其它錯誤觀念。

笛卡兒舉了個比喻，一籃子滿滿蘋果，如果擔心裡頭有些蘋果爛掉，爲防止腐爛蔓延，我們應該往裡亂抓，抓到哪顆蘋果爛掉就丟掉？還是一氣呵成拿出所有蘋果，只把肯定新鮮的蘋果放回去？後者的做法似乎最保險。同理，笛卡兒認爲，我們應該檢驗所有知識，只用正確無誤的原則做爲基礎，重新建立知識系統，就像建

築師需要堅實的地基，才能建造穩固的房子。

懷疑論方法：真有那種「不可懷疑」的知識嗎？

那麼，這塊知識樓房的基石該是什麼？笛卡兒認為它必須是「無法懷疑的原則」，因為只要可被懷疑，就可能出錯，無法建立穩固基礎。只有通過不斷懷疑，最後留下無法懷疑的東西，才可用它來建立知識。笛卡兒稱此為「懷疑論方法」。

為了達成這項艱鉅任務，笛卡兒建立了兩個經典懷疑論證，一是惡魔論證，一是夢境論證。根據這兩個論證，我們的知識幾乎無一倖免可被懷疑：

- 我們依賴經驗知覺建立的知識都可被懷疑，因為我們經驗知覺到的東西都可能只是夢中的情境，或像電影《駭客任務》的母體般，整個外在世界都是虛構出來的。因此，關於這個世界的經驗知識可被懷疑。
- 那麼，像「一加一等於二」這類無關經驗的數學知識呢？笛卡兒認為它們同樣可被懷疑，因為可能有個全能惡魔一直欺騙我們，每當我們進行數學演算，惡魔就會作祟，令我們產出錯誤的數學結論。

按照上述推論，還有什麼東西是無法懷疑的？笛卡兒說：「有！」那就是「我正在懷疑」這件事。因為，無論我懷疑什麼也好，也無法懷疑「我正在懷疑」這件事，因為當我懷疑自己是否正在懷疑，我也是在懷疑啊！因此，「我正在懷疑」本身是無法懷疑的。既然「我正在懷疑」是眞，「我存在」亦為眞，因為前者蘊涵後者：不可能我正在懷疑，我卻不存在。

疑點一：推論「我思故我在」時，會被惡魔欺騙嗎？

「我思故我在」就這麼簡單證明了？當然非也！

「我思故我在」貴為知識第一原則，自然受到衆多哲學家關注。事實上，有些哲學家認為它遺留不少疑惑，不易解決。根據分析，我上述的闡明亦有誤導之虞。

首先，「我思故我在」是一個「推論」嗎？如果它是推論，這意謂笛卡兒眞正關心的是結論：「我存在」。事實上，笛卡兒在《沉思錄》中確實想通過「我存在」與上帝存在的論證，以保證我們的知識可靠。不過，他的推論要正確，必先有個大前提——「凡思考的東西都存在」；

一、凡思考的東西都存在。

二、我思考。

三、所以，我存在。

這個論證有不少疑難。首先，如果「我思故我在」是推論，何以保證我們在推論中不會像演算數學般遭惡魔欺騙，自以爲推論正確？

有些論者認爲惡魔論證的確強勁到摧毀一切知識，除非我們能肯定完美的上帝保障我們的知識；否則所有命題，包括「我思故我在」，都並非不可能錯的知識。笛卡兒是否沒發現自己的惡魔論證可能令推論失效？

疑點二：「我思故我在」也需其他前提，還能算第一原則嗎？

其次，如果「我思故我在」需要預設某些前提才正確，它還能算是知識第一原則嗎？假如我們需要「凡思考的東西都存在」進行推論，那麼「凡思考的東西都存在」不是比「我思故我在」更根本（或至少平起平坐）嗎？事實上，笛卡兒自己也承認「我思故我在」需要預設，他在《哲學原理》中不避諱地明言：

> 當我說「我思故我在」是對所有能夠理性思考者可擁有的首個且確定的命題時，我並不否認我們必須首先知道什麼是思想、存在和確定性，以及不可能有不存在的思想者（即「凡思考的東西都存在」的加強版）等等。不過因這些都是最簡單的概

念，並且它們本身不足以提供任何存在事物的知識，所以我不認爲有必要枚舉它們。

如果「我思故我在」需要預設，又如何成爲知識第一原則？這涉及笛卡兒關注的「知識」到底是什麼。上面引文提供了線索：「它們本身不足以提供任何存在事物的知識」，亦即是，笛卡兒眞正關心的是「有什麼事物存在」的知識，上面引文提到的各種預設（譬如「存在是什麼」）都沒有斷言某一事物存在。反之，「我思故我在」卻斷言「我」存在，因此它是（存有物）知識的第一原則。

疑點三：搞不好「我思故我在」是直觀，並非推論？

有趣的是，雖然笛卡兒承認「我思故我在」需要預設，但他在《哲學原理》卻截然反對它是推論：

當某人說「我思故我在」，他並不是利用一個三段論從思想演繹出存在，而是經由一個心靈直觀而得到某種自明的東西。很明顯的，假如他要利用三段論做推論，那他就必須先認識到大前提：「凡思考的東西必存在。」但事實上，他學到「我思故我在」是經由他自己個人經驗到：他不可能在思考卻不存在。

另外，他在《指導心靈的規則》書中再次強調它是直觀，非演繹推論：

那些直接從第一原則（即我思故我在）之中導出的命題，一方面可以說是透過直觀被認識，另一方面也可以說是透過演繹推論而認識。但是第一原則本身只能透過直觀被認識，而其他遙遠的結論只能透過演繹推論去認識。

什麼是直觀？笛卡兒提到它是我們能非常清楚明晰地直接認知到的東西。問題是，若論及清晰自明的直觀，「我在」似乎明顯比「我思」更能直接把握、更明確肯定。有些論者在闡明「我思故我在」時，便觸及這點：

即使每當我正在思考或懷疑一切時，都有惡魔欺騙我，令我的思想不斷出錯，但至少有「我」正被欺騙，至少有個「我」在思想，因此，當我思考時，必定有一個「我」存在。

其實，上述論說的是「我思」**這活動**直接肯定了「我存在」**這事實**。嚴格來說，這與「『我正在懷疑』是無法被懷疑」是不同的進路，不少論者把兩者混爲一談。

在這詮釋下，「我在」似乎比「我思」更明確與不可懷疑。我們根本不需要先確立「我思」這命題不可質疑，再推論出「我在」；推論說顯得多餘無用（這論點源自王少奎，一九九七）。

辛提卡的實現說

哲學家辛提卡（Jaakko Hintikka）亦寫了一篇著名論文，論證「我思故我在」不是前提與結論之間的推論關係，而是言說行爲造成結果的實現關係（performatory relation）。他的想法大致是：

當我思考「我是否存在」，便會發現「我不存在」顯然是自我推翻，就像某個人用中文說「我不懂說中文」般述行矛盾（performative contradiction）。因此，「我思故我在」是通過「我思」這活動，實現（並直觀）到「我（必定）存在」這事實。

笛卡兒的《沈思錄》爲上述提供了佐證，其中一段不再用「我思故我在」表達第一原則：「我是，我在」（I am, I exist / ego sum, ego existo）這命題，每當我把它說出來或在心中考慮到它時，都是必然爲眞的。

不過，實現說並非毫無疑點。它會把「我思」（cogito）限制在思想活動，不能用「我感覺到痛」「我欲求世界和平」等其他心靈意識活動取代。但是，笛卡兒在《沉思錄》中卻明確提到「我思」是包括想像、期望、希望、理想、想像等非思想的意識活動。

辛提卡爲解決這問題，主張「我思故我在」同時包含「實現說」與「推論說」兩種詮釋。他認爲兩種詮釋在笛卡兒著作中一直相互交替，只是笛卡兒沒注意到這點。

疑點四：是「我」在思考，還是只有思想存在？

就算我們同意辛提卡的觀點，不管是「實現說」或「推論說」哪種版本的「我思故我在」，都會碰到共同的理論困難。我的老師——香港中文大學哲學系劉創馥教授——便論及既然笛卡兒承認「我思故我在」需要預設，這些預設就必須受到質疑。因爲即使「思想」「存在」「確定性」是非常簡單的概念，也不是忽略它們的理由，畢竟越簡單的概念越難把握，亦容易引起爭議，像圍繞「存在」這概念的哲學爭論便多不勝數。更大的問題是，兩種詮釋都必須預設「有個東西在思考」這可疑的命題（而且這命題涉及「存有物」知識）。

十八世紀著名思想家林登伯格（George Lichtenberg）指出，我們不能想當然把思維活動理解成「我在思考」。當思考發生時，可能只是有個「思考」在發生，不應該假定有個東西在思考。羅素亦認爲「我」只是語法上方便的用字，嚴格來說是不合法的。不過，哲學家威廉斯（Bernard Williams）與皮考克（Christopher

Peacock）相繼為笛卡兒辯護。他們認為「思想」本質上必須依賴於主體存在。因此，「思考存在」與「有個東西在思考」根本是同一回事，只是字眼上表述不同吧。他們兩個的辯護能成功嗎？即使「思想」必須依賴於主體存在，這主體是否為「自我」（substantial self）實體？「自我」實體又是什麼？

這些都是非常深奧專技的哲學問題，本文就走筆於此。真有興趣深入探究，可以參考皮考克最新為笛卡兒辯護的論文〈我思故我在：為笛卡兒辯護 2012〉（Cogito Ergo Sum: Descartes Defended 2012），但它比我這篇文更重口味（笑）。

思考問題

① 文中提到笛卡兒的惡魔論證與夢境論證，你認為這兩個論證能夠成立嗎？試想像現有三個可能性：一是我們一直在發夢，二是我們一直被惡魔欺騙，三是沒被惡魔欺騙，也沒在發夢，而是在現實世界中生存。是否我們其實有方法能證明其中一個可能性有較高的機會為真？

② 笛卡兒認為，知識必須正確無誤，但真是這樣嗎？譬如，我們認為現今許多科學理論都是正確的，但它們並非沒有錯誤的可能。笛卡兒對「知識必須正確無誤」的要求是否過於嚴格？也許對知識的要求，只是隨著不同情境，有不同的要求？

有關「自我」實體這件事……

有些論者以為笛卡兒論及「我思故我在」時，已肯定了「我」是非物質的「自我」實體；這是大誤解。哲學家紐曼認為笛卡兒論及「我思故我在」時，沒有意圖預設「自我」實體，並提到笛卡兒在《沉思錄》中明言：「雖然我現在知道『我』必然存在，但我仍對 『我』沒有充足的認識。」另外，若然笛卡兒首先肯定心物二元論（有非物質的東西存在），便會違反懷疑論方法的檢驗程序。因此，我們最多只能從懷疑論方法得出「我」絕非指涉身體吧（因為「我的身體存在」通過懷疑論方法的檢驗）。

第三篇 周大為

你怎麼知道你是你：令人想到睡不著的人格同一性議題

「人格同一性」（Personal Identity）在哲學上是相當有趣的問題。簡單來說，它是個解釋或證明爲何「某人」是「某人」的議題。以小明爲例好了，我們一般會認爲，二十歲的小明與三十歲的小明是「同一個人」，如果二十歲的小明借了一百萬，三十歲的小明便要還錢；二十歲的小明犯了罪，三十歲被抓到，仍要受罰。但是隨著時間推移，小明會變，無論是心靈上、肉體上，都有某種程度的變化，甚至是劇烈的變化，那麼小明還是「原來的小明」嗎？

因此，「人格同一性」議題探討人在經歷各種變化中而持續存在的是什麼？或者更具體地說，何謂一個人持續活著？這個議題也觸及到有關「我們是誰？」「從何而來、死後何去？」以及「決定一個人持續存在的條件或判準」等問題。

在討論「怎樣算是同一個東西」的時候，哲學家往往會提到一個很有名的「萊布尼茲定律」。根據此定律：

對於任何東西X和Y，如果X和Y具有一樣的性質，那麼X和Y就會是同一的；對於任何東西X和Y，如果X和Y是同一的，那麼X和Y就會具有一樣的性質。

然而，如果我們在人格同一問題上沿用萊布尼茲定律，結果可能沒那麼好接受。若按照這個嚴格的標準，每一個時刻的人都是不同的人，因爲我們在人的身

上觀察到的是不斷逐漸變化的身心狀態。然而我們在思想及日常生活上常常相信著「同一個人」這樣的觀念，例如我們相信現在逮捕的逃犯與十年前犯下罪行者是「同一個人」，即便這個人與十年前有著很大程度的改變。

「特修斯之船」

我們先來講個思想實驗——「特修斯之船」：

假設今天有艘船，我們叫它特修斯。今天它出航，平安返回，但是帆在途中壞了，於是幫它換一張新帆；第二天，它又出航，這次撞到石頭，撞壞好幾根木頭，於是拿一些新的來補……以此類推，到最後，經過長時間的壞了又補、補了又壞，特修斯從頭到尾已經沒有一個部分與原本的「特修斯」相同，那麼，請問：「後來的特修斯與原本的特修斯，是『同一艘船』嗎？」

請作答！

一、是。「特修斯」還是原本的「特修斯」，不管「特修斯」換掉幾項零件。

二、從它換帆的那刻起，它就不是「特修斯」了。

三、這個問題「是」或「不是」的答案都不好，其實「特修斯」只是個名稱，我們不用回答是或不是，重點是我們知道它變了，哪裡變了、何時變了，這就是事實的全部。

回答一的朋友通常會伴隨一些主張，例如：「特修斯」有它的「本質」或「形式」在，只要這個「本質」一樣，「特修斯」就是「特修斯」。但是這種回答其實很容易被挑戰，因爲在這流變的世界中，太多的事物都不斷在變，比如「特修斯」。當它的零件改變，它的功能、速度、外貌都至少會有細微變化，就算你盡力維持它所有部位都是原樣，從當代自然科學的角度來看，組成它的原子也會衰變。因此，主張這個答案的人必須加以說明，在「特修斯」上除了這些變動的部分外，「不變」的是什麼，只有將不變的部分視爲「特修斯的本質」，才能合理宣稱「特修斯」即便組成的材料已變，但本質不變，所以它仍是「特修斯」。

至於二，這個回答也不是不行，但你會發現以後你對周遭的事物，每隔一天，甚至每小時、每分鐘，都要改變對它的稱呼，或是改變對它的概念，因爲它每一刻都在變。而這與我們的日常生活經驗較爲不同，我們的日常生活常常會用到「同一」的概念。

相較於一和二，三似乎比較好接受。總之這艘船會變化，至於要不要用「同樣的名稱」去稱呼它，或用「同樣的概念」去思考它，就視具體情境去決定吧。三這種立場又可稱爲「化約論」，這是一種哲學思想，認爲複雜的系統、事物、現象，可以通過將其化解爲各部分之組合，來加以理解和描述。當我們藉由將對象分析爲組成部分的方式去理解，要被判斷是否爲同一的那個主體，便被化約成一組特質，如此這個主體是否同一的問題便不再重要，或者說被問題消解了，因爲就某種意義來說這個主體並不存在。例如：船＝船帆＋船身＋船桅等等。（下面還會介紹採取化約論立場看待「人」的帕非特主張。）

看起來，化約論立場似乎好好地回應了這個「特修斯之船」思想實驗（當然我們也不盡然要完全同意化約論觀點）。但是，把這個議題放到「人」身上，問題就變得比較複雜了。我們現在把思想實驗的主角改成「小明」。

小明的「人格同一性」

小明跟「特修斯之船」一樣，每天都會有些改變，今天說做好做滿、眞心不騙，明天就改口了。然而如果「十歲小明」與「二十歲小明」兩者有很大差異，那我們還能說「他們」是同一個「小明」嗎？化約論認爲我們沒有必要回答「是」或「不是」這個問題，總之他變了很多，知道這點就好了，就跟「特修斯」船一樣。

現在問題來了，假設「十歲小明」欠你一百萬，「二十歲小明」要不要還你？假設「十歲小明」偷竊，「二十歲小明」被抓到要坐牢嗎？假設「十歲小明」說了做好做滿，「二十歲小明」要信守承諾嗎？（文章寫到這裡忽然有人按電鈴說要查水表。）

拉長時間來看，「人」的變化很大，「十歲小明」與「二十歲小明」可能從頭到腳沒一個地方保持原樣，但我們仍然會認定「小明」就是「小明」，尤其我們在社會各種面向都傾向這種認定，我們發現看待「人」與「物」的同一性問題，是很不一樣的。「人」明明就變這麼多，我們爲何還要認定他是同一人呢？我們需要提出理由，需要一個判準，根據這個判準，判定標的一樣，那就算同一人，判定發現標的不同，就不算同一人。我們該採取什麼判定標準呢？

判定標準

我們現在假想一下：小明有一個神燈精靈，祂告訴小明，未來有個不可避免的意外會導致小明粉身碎骨，好消息是在他死後可以復活，但是沒辦法很完整地復活，精靈給小明幾個選項：一、完全恢復死之前的肉體，但是心靈無法恢復完全，可能會洗成某個人的性格與記憶，或者變回一片白紙；二、擁有死之前的心靈狀態，但是肉體完全變成某個人的；三、保證是把小明的靈魂救回來就可以，至於肉體和心靈的原貌就盡量恢復，不強求。

選擇一的人傾向於身體判準，也就是認為心靈內容對小明的「存活」不是必要的；選擇二的人傾向於心靈判準，也就是認為身體的延續對小明的「存活」不是必要的；而選擇三的人傾向認為身體與心靈的延續都不是絕對必要的，必要的是小明的「靈魂」，賴以決定小明存活與否❶。

以身體為判準，換言之，就是以身體的相似性做為判斷人格同一性的指標，這種立場的問題是，我們的身體會隨著時間變化，「十歲小明」與「二十歲小明」在身體上的相似性可能非常低，但我們會願意因此宣稱他們幾乎不是「同一個人」嗎？英國哲學家洛克認為，人格同一性應當以人的「意識」而非「肉體」來做為判准。很明顯的，當一個人的心靈或意識依舊，而肉體轉變成另外一個人時，我們通常會

❶ 此例子改編自網路哲學百科中人格同一性的介紹。

認爲他仍是同一個人；相反的，當一個人的心靈或意識變成另一個，雖肉體仍保持原樣，我們通常會認爲他是另外一個人。類似的情節常出現在電影或小說中。

或者，也有人主張以大腦爲判準（因爲大腦承載我們重要的心靈特徵），但是這個主張與身體判準會遇到類似的問題，因爲大腦的結構、組成物質等，也會隨著時間改變。此外，若我們假設心靈可能寄寓在不同大腦中的話，則大腦的判準地位將與身體一樣，只是個容器而非眞正的判準關鍵。此時，眞正的關鍵又回到了心靈，因爲大腦重要只是因爲它承載了心靈。

再或者，如同洛克所主張的，我們直接以心理內容做爲判準，包括了記憶、能力、人格特質等。但心理判準也有相似的問題，隨著時間，我們的心理內容也會改變。確實，有些心理特質相當重要，重要到我們幾乎要用這些特質來定義自己是誰，但我們眞的願意在這些心理特質喪失時，宣稱這不再是同一個人嗎？例如植物人、嬰兒、失智症患者……等，都可說曾經歷劇烈的心靈改變，宣稱這些人在經歷巨變前後是不同的兩個人，是適當的嗎？

最後是選項三，姑且稱之爲「靈魂說」，但這個立場的問題在於「靈魂」本身是一個難以解釋甚至空泛的概念，特別是將身心特質都剝除之後。

有些人也許會主張，即便身或心的相似性難以做爲判準，也許我們可以仰賴身或心的「連續性」做爲判準，也就是即便身或心會隨著時間而改變，至少它們有「時空上的因果連續性」也就夠了。然而「連續性」的概念，事實上也容易受到挑戰，因爲身心的連續性充其量只是訴諸於日常相對緩慢的身心變化而已，當身心發生劇烈的變化時，以「連續性」做爲判準又變得難以招架了。例如：時空旅行、換腦手術、穿越蟲洞……等。

人格同一性

我們再來看另一則思想實驗。英國哲學家威廉斯曾提出一個思想實驗來探討人格同一性議題，這個思想實驗有兩個場景。

第一個場景：小華和小明被一個變態科學家抓到實驗室，他有一個裝置，可以把一個人除了身體以外的所有心靈內容移到另一個身體。變態決定把小明和小華的心靈互換，若裝置啓動之後，擁有小明身體的那個人會宣稱自己是小華；而擁有小華身體那個人會說自己是小明。在啓動前，變態問小明，等等在交換心靈後，他要對其中一個身體施虐，小明希望變態對哪一具身體施虐？小明可能會希望變態對

「小明的身體」施虐，因爲他認爲在裝置啓動後，自己的心靈將移轉到小華身上。

第二個場景：變態科學家這次只抓了小明，並說好一個小時後對他施虐，但是他請小明不用擔心，因爲他會先啓動一個裝置，這個裝置會在一小時內將小明的記憶、性格……等心靈內容逐漸轉變爲「拿破崙」的心靈。一小時後轉變會百分百完成，所以他要小明別擔心，到時候受虐的將會是「拿破崙」，而不是小明。請問若你是小明，你會不會擔心？還是你會毫不在意呢？

威廉斯認爲，第一個場景突顯了心靈特質對於人格同一性的重要性；然而第二個場景突顯了身體對於人格同一性的重要性。

如上，要用一項或一組特徵來做爲「同一個人」的判準相當困難，因此哲學家帕菲特（Derek Parfit）主張，對人格同一性問題也採用化約論立場：

對「人」而言，是不是同一個人的問題也是不重要的，就跟特修斯之船一樣，但是我們的日常生活中顯然需要人格同一性。因此，我們是倚賴在時間推移當中，人的身體與心靈特徵的「連續性」來判斷二十歲的小明是否需要爲十歲的小明犯的過錯負責。而反過來說，若我們有很強的直覺，認爲這兩個小明是「同一個人」，這也是此連續性緩慢變化帶來的錯覺。

化約論立場

哲學家休謨認爲，我們一般的經驗認爲自己是一個「接受者」，或稱爲「感知的主體」，承受著各種心靈經驗和肉體經驗。然而嚴格來說，實際存在的只有這些身心事件的「集合」，除這些集合外，並無獨立於身心事件之外的「接受者」。換言之，「自我」只是一束身心經驗的合稱，而認爲有個不變的「自我」或「主體」接受著這些經驗，只是因不間斷的感知經驗所造成的錯覺。

帕菲特的化約論，某程度承襲了休謨的觀點。帕菲特舉了幾個思想實驗來闡述他的化約論思想，其中一個叫做「傳送裝置思想實驗」（Parfit 1984, p.201）：

設想未來的人類發明一種交通工具，可以將人類傳送到很遠的地方，操作方法是先用 A 地的掃瞄機將此時小明全身的結構全部記錄起來，然後將資訊傳到 B 地的機器，B 地的機器再依照此資訊用同樣的材料組合出小明，組合出來的同時，A 地的小明「分解」掉。如此一來小明就順利從 A 傳送到 B 了。

根據帕菲特的化約論主張，人就是身體特徵與心理特徵的組成，別無他物，所以只要 B 地的小明在這些特徵上與 A 小明完全相同，那麼 B 小明與 A 小明也就算是「同一個人」了。然而事情沒那個簡單，我們再看看下面這個情況：

有天傳送裝置發生失誤了，它在複製 B 小明之後忘記把 A 小明「分解」掉。

於是 A 小明和 B 小明同時存在，問題產生了：即便我們之前接受 B 小明與 A 小明是同一人，現在也很難繼續堅持這個看法，因爲 A 小明與 B 小明同時共存了，同一人怎麼可能同時存在於兩地呢？

也許我們更願意主張 A 小明才是眞正的小明，複製出來的 B 小明從頭到尾就與 A 小明不是同一人，只是非常像而已，而 A 小明在被分解的那一刻就已經死了（這是生物取向觀點，等等我們就會介紹）。

帕菲特不這麼認爲，站在化約論的立場，沒有「同一個人」這種事情，但我們可以說 A 和 B 具備超級高度的相似性，甚至比昨天的我和今天的我之間的相似性還要高。他主張「人」最重要的其實是心靈的「連結性」❷，只要這個「連結性」得以延續，是不是「同一個人」的問題（例如上面這個例子），有時候無法回答也不須回答，重要的是小明的「人格」存活下來了（Parfit 1984, pp.323-326）。在直覺上似乎很難接受帕菲特的主張，此外它也帶來一些讓人難以接受的其他結論，例如帕菲特認爲道德責任（契約、刑罰）也可能因爲「心靈連結性」的降低，而隨之減少應有的懲罰❸，例如「十歲小明」犯案，刑期十年，但「小明二十歲」才被抓到，此時的小明與十歲的他相似性只剩五〇%，因此刑期可能改成五年。

化約論的另一個問題是，它沒辦法對「是否同一」做出「簡單回答」，所謂簡單回答就是「是或不是」。在電影中我們常看到女主角問男主角「你愛不愛我，是或不是」，然後男主角可能會說：「我滿喜歡妳」「跟妳在一起很快樂」「妳很漂亮」……等等，然後女主角又會再問一次「你愛不愛我」，並要求回答只能回答「是或不是」。這種就是簡單回答，或稱之為「簡單觀點」。

由於化約論取消有「人格同一性」這件事的預設，將人化約為身心事件的集合，

---

❷「連結性」其實應該稱為「連結性與連續性」，但我認為在本文不需要太細分，故在此註釋處介紹一下。帕菲特認為，同一性是不重要的，重要的是心理上的連結性（connectedness）與連續性（continuity），他稱之為關係 R（Relation R）。連結性指的是兩個事物之間的相似性，連續性則是指兩個事物之間雖然沒有直接的連接性存在，但有著連續的關係。

❸感謝 Alfredego 建議了更清楚的說明：帕菲特認為的是，我們可以在語言或是實用層面上說一個人是不是同一個人，只是我們不需要認真回答形上學上人格同一性的問題。在化約論的立場，對形上學上人格同一性問題的回答，與回應特修斯之船問題的策略是相似的。在這樣的立場下，化約論認為在日常生活中使用「人之同一性」的概念，是出自於一些實用性的因素。

而身心的相似性又是隨著時間有程度性的變化，因此做為化約論者的帕菲特認為回答「是否同一個人」或「是否存活」這樣的問題，不需要做「簡單回答」而可以有「程度性回答」。打個比方：

小明不幸碰到一次車禍意外，肉體與心靈有所損傷，小明的媽媽趕到醫院，遇到了帕菲特。

小明媽媽問：「小明還活著嗎？」

帕菲特回答：「嚴格來說，小明只有七〇％存活。」

小明媽媽：「？？？」

帕菲特：「因為小明五〇％的身體受損，已經改為義肢，另外喪失些記憶，與原本的心靈狀態只剩九〇％相似度，平均起來，小明只剩下七〇％活著。」

小明媽媽看著帕菲特的雙眼說：「你神經病。」

化約論的一個問題在於它對於「存活」與否必須採用「程度性回答」（像「靈魂說」的立場便傾向採簡單回答），而這的確與我們的日常直覺相當不同。事實上，僅將「人」視為身心事件之集合的化約論，還會衍生出一些其他難以接受的結論。例如在一些思想實驗中，我們甚至無法確定一個人是否還活著❹。如果我們不想接受這些結論的話，必須想辦法反駁它。不過帕菲特本人似乎是決定「吞下子彈」：爲了堅守前提，接受這些難以接受的結論。

生物取向觀點

如果你覺得帕菲特的主張很瞎，幸好我們還有別的立場可以選擇。生物取向觀點主張，人就是個有機生物，因此人格同一性的判斷不應該以身體或心靈的相似性作爲判準，而是以「這個動物是否在生理上持續存活」作爲判準。換言之，人格同一性寓於個體維持生命的生物機制（比如腦幹），同一性存在與否端賴於生命的存亡，而非心靈或身體的相似性或連續性。生物取向立場的觀點是，生物機制的存續與否，才是「存活」的判準，而心靈特質與身體特質，對一個人來說雖然相當「重要」，不過既非存活的充分條件，也非必要條件。打個比方，你的錢對你很重要，如果把你的錢全搶走，你可能會覺得生不如死。然而，即便這眞的發生，很抱歉，你還是活著。（不知該高興還是難過）同樣的，身心特質，尤其是心靈特質（包括

❹ 對帕菲特化約論及思想實驗有興趣的人，可以自己想辦法去找到資源。

記憶、個性……），對一個人來說相當重要，如果失去了，可能會覺得跟死了沒兩樣，不過只是「覺得」而已，事實上你還是「活著」。而這裡我們也認識到一個關鍵的區分，即具有某種「人格（特質）」的持續存在與生物性的「存活」是有所不同的❺。生物取向聽起來不錯，它的優點是能夠避開許多思想實驗的挑戰，免於在判定人格同一性以及「人格」存活與否時，陷入無明確答案的窘境（如帕菲特思想實驗所導致的）。

然而也有人對生物觀點提出挑戰，假設：

我們今天的技術能夠做到大腦移植手術，並且生物存活機制仰賴於腦幹運作。現在有個醫生，決定把你的大腦跟小明的交換（原因隨便假設吧，也許因爲小明想要你青春的肉體，花一千萬跟你買），於是小明的大腦（不含腦幹）裝到你的身上，你的大腦（不含腦幹）裝到小明身上。

手術完成後，請問你覺得自己是將做爲一個「擁有小明身體的你」而存活，還是「身體一樣，但心靈完全替換成小明人格的你」而存活呢？

生物觀點令人較難以接受的理由是，它必須捨棄我們直覺上認爲相當重要的心靈內容。如上述的思想實驗，站在生物觀點的立場，「你」將是那個擁有小明大腦的人，你因爲身體裝載了小明大腦而擁有小明的心靈內容；同樣的，小明仍是小明，但是他現在擁有一切你原本有的心靈內容……面對這個挑戰，有些生物取向論者便認爲，在人格同一性議題上，心靈連續性依然是一個重要判準，所以兩者都要考量，這是另一種混合觀點的立場。不過這樣問題又更複雜了，是吧？到底人格同一性有沒有明確判準呢？我是否爲同一個我，我是否存活，難道沒有一個簡單明確的答案嗎？因此人格同一性議題在目前哲學界似乎仍是衆說紛紜。

還有其他的可能嗎？

我們總結一下，目前關於人格同一性問題的立場大致可分兩種：一種是主張以心靈相似性爲判準；另一種是生物取向觀點（我將其視爲身體判準的進階版）。前者在本文前面的一些思想實驗已經顯示這個觀點的問題所在，即「一個人帶有與你極相似的心靈內容繼續存在」與「你自己繼續存活」，兩者是相當不同的。而後者比較不會遭遇這樣的問題，唯一的問題是，它把身爲「人」很重要的東西捨棄了——

❺ 另外有一點需要澄清的是，生物取向觀點並不代表把人等同於動物。

記憶、個性、知識……等存在腦裡的東西。對生物判準來說，這些東西也許很重要，但做爲「存活」的條件而言，既非充分，也非必要。

我們先暫且撇開上面的討論來假設一下，假如帕菲特的傳送裝置是可行的（生物取向立場認爲它是不可行的），小明眞的可以藉由傳送機而「存活」嗎？我的意思是，如果傳送裝置啓動後，小明主觀意識到自己的確還活著（雖然這點從客觀角度並無法判斷，因爲我們不知道那眞的是小明，還是一個很像很像小明的人），那我們該如何解釋呢？因爲這下心理判準和生物判準都說不通了。

請各位想像一下以下的狀況：

A世界與B世界有九九．九九％相似，除了一個例外，在A世界，你的意識存在，你意識到自己活在這世界中；在B世界，有一個跟你幾乎完全一模一樣的人存在，但那不是你，你的意識世界存在於另一個地方，比如天堂。

前面我們提過萊布尼茲的定理，如果一個事物等同另一個事物，他們的屬性必相同；反之亦然，如果他們的屬性全相同，則兩個事物等同。在這定理下，生物判準可能會有些站不住腳：如果傳送裝置確實能將一個人的物理（生物）內容全部複製的話，它爲何不能將你意識也帶來呢？這似乎顯示以我們目前知識，「意識」是難以解釋的對象，它在物理世界中幾乎不占地位，然而在我們是否「存在」「存活」上，卻又如此關鍵，我認為這是生物判準與物理論者仍須回應的問題。套通俗說法是，如果你父母在幾十年前那個晚上慢了三十分鐘才恩愛，今天的你還會存在嗎？

如果帕菲特的傳送思想實驗眞的可行，而我們又不願接受心理判準立場的話，我們便需要一種採取非依賴於心理或物理之相似性，同時又企圖解釋人格同一性和存活與否之問題的理論，特別是存活、存在與否的關鍵不能依賴於瑣碎的事實，這是生物取向可能會遭遇的。而佛教的「業力理論」便是這類型的理論。

佛教業力理論試圖解釋「人」存在的原因，包括「人」死後繼續「存在」的原因，並主張「人」的持續存在不是因心理或身體相似性還在，也不是由生物存活機制所完全決定，而是由業力存續來解釋。這解釋也是在佛教輪迴世界觀底下為了解釋前世、後世所必須的一種理論（前世、後世間並非必定有心理或生理的相連性，相連的是……業力）。當然，業力理論就像靈魂理論一樣，太難有科學性證據去支持，不過有鑑於化約論和生物取向的困難，筆者認為業力理論仍然有一些潛力。關於佛教業力理論如何解釋人的存在及人格同一性，又是另一項論述了，在此不述❻。

思考問題

①電影《頂尖對決》中，休．傑克曼為了表演魔術不斷用裝置複製自己。看完本文後，你對上述場景有何想法？休．傑克曼複製出來的都是他？還是他其實第一次啟動裝置時就掛了？你覺得呢？

②假設有位特異功能者給你一個願望，把你變成一隻小蟲子後，在路邊被人不經意踩死，但同時創造出一個跟你一模一樣的複製人，繼續著你的生活，還會中樂透兩億，你是否會答應他的願望？當你猶豫，特異功能者說由於複製了你的一切，其實就等於是「你」，而你變成的那隻蟲子根本不是「你」，因為回憶、思想都一起消失了。你會欣然接受提議嗎？

❻有人可能會認為「業力理論」需要預設一個業力承載體的存在，因此又不得不產生一個人在變動中有一個不變的類靈魂實體這樣的概念。這個議題其實也在佛教哲學中廣泛討論，很可能「阿賴耶識」的概念便是由此而生，不過那又是另一項議題了，此處不細談。如果對佛教與化約論在人格同一性議題上的比較有興趣的話，可參考不才小弟在下的碩士論文。

第六章

藝術

藝術，其實跟哲學一模模一樣樣

引言 朱家安

「這算什麼藝術品？我也畫得出來！」

「那是因為你沒有看懂它。」

「那我應該怎麼看懂它？誰知道怎樣叫做看懂它？是誰說了算？」

「……」

「藝術到底是什麼？」

「……早知道就去逛水族館了。」

「藝術是什麼？」這個問題看起來幾乎跟「哲學是什麼？」一樣難，更糟的是，它本身也算是個哲學問題。

美國藝術家杜象的簽名，足以讓二手小便斗變成藝術品嗎？又，假設它真的變成了藝術品，我們該怎麼對它進行藝術上的解讀？如果杜象說：「這部作品叫做『噴泉』，它表達的是如果我們能隨處解放，是很好的事情。」我們該接受嗎？

在「藝術」這個章節裡，我們要深入討論上面這些問題。

第一篇　楊理然

什麼是藝術？

二〇一六年臺北元宵燈節的主燈「福祿猴[1]」公布之後，因爲它非傳統的外型和設計，引發了廣大的美學辯論。許多人認爲設計得醜，質疑設計師的品味，但也有少數支持者爲福祿猴辯護。兩派人馬爭論時的言詞，許多都是在討論藝術時經常聽到的。例如支持者會說：「藝術是很主觀的，不該輕易批評。」反對者則會諷刺：「藝術就是讓人看不懂。」除了福祿猴之外，生活中也經常有許多作品讓我們有類似的困惑。例如：難以理解的現代舞是藝術嗎？某個美術館展覽只展出日常生活用品的話，算是「藝術」展嗎？蔡明亮的電影是藝術嗎？爲什麼？那麼魏德聖的作品呢？這些問題經常隱含了許多哲學上有趣的美學議題，不過在這篇文章中，我不打算討論「美醜」[2]。只想先問：「到底藝術是什麼？」

在臺灣，關於「藝術是什麼」的公共辯論其實並不少見。二〇一五年侯孝賢的電影《聶隱娘》上映後，某位政府官員在質詢時說：「可惜這部電影沒有和文創產業結合在一起。」此言一出就被大肆抨擊，許多人覺得這樣說汙辱了導演，也忽略了「藝術的本質」。考慮到侯孝賢的電影經常被認爲是「藝術電影」，上述抨擊似乎是在說：藝術不是文創、把藝術和文創連結在一起就是貶低了藝術。

的確，許多人直覺上認爲，文創強調外在商品價值，藝術則應該著重「更本質、更內在」的東西。不過什麼是「更本質、更內在」的東西？文創與藝術的相斥，背後有道理嗎？一個可能的解答方式，是先讓我們說清楚什麼是「藝術」。

藝術的定義

在西方哲學眾多嘗試定義藝術的理論中，歷史最悠久的解答路線，也就是從作品的「內在性質」著手。

---

❶ 二〇一六年臺北燈節主燈造型為「福祿猴」，外觀為「葫蘆」狀，代表「多子多孫好福氣」。公布後引發民眾幾乎一面倒的負面批評，有網友認為猴子跟葫蘆的結合根本變成雞，更有網友認為像是一顆花生。也出現許多網友惡搞的圖片，更有「福祿猴產生器」讓民眾自製專屬的福祿猴。

❷ 藝術不必然代表「美」，多數人都同意世界上也有醜的藝術品。所以美醜和藝術之間的關係無法簡單定義。因為篇幅的關係，此篇文章中不深入討論「美醜」的概念。

內在性質（intrinsic property）

觀看一件藝術品本身能觀察到的性質。包含像是一幅畫的構圖、顏色配置，或像是一部電影的劇情、剪接、分鏡或配樂。

另一方面，藝術品通常也有外在性質，常見的外在性質（extrinsic property）包含：**觀衆的反應**、**作品的歷史脈絡**、**或是作品和所屬文化圈的關係**。例如作品在市場上受不受歡迎、是否有文化上的特殊意義，或者是否受到某些權威人士的肯定，這些都屬於藝術品的「外在」而非「內在」。強調「內在性質」的理論家認爲：要定義藝術，我們不需要依賴其他不屬於藝術品本身的東西。其中幾個著名的理論包含「形式主義」和「表達情緒主義」。

形式主義（formalism）**認爲藝術之所以是**

藝術，在於它的「形式」而不是「內容」。一幅畫如果能被稱爲藝術，重點不是畫家畫了一個特別的人物還是一處漂亮的風景，而是作品中的形式，例如：構圖、色彩配置、比例（譬如物體之間的相對位置和大小）達成一定的美感。只要某個作品具備這種「形式」，不管內容是蒙娜麗莎還是臺灣獼猴，都不會影響它做爲藝術作品的地位。**表達情緒主義（expressivism）則主張，藝術之所以是藝術，是因爲藝術品比起其他非藝術品，「更成功」地表達了情緒或情感**❸。對這一派理論來說，沒有成功表達出情緒的作品就不會是藝術，不論它的「形式」多麼完美也不會成爲藝術品。例如，有時我們可能會形容某個作品太「匠氣」，而沒有眞正的藝術性。匠氣，可能指的是某個作品的技術性和形式都非常出色，但作品之中卻缺乏「眞誠的情感」。

強調表達情緒的這一派哲學家主張，爲了體會作品中的情感，「內容」變得重要，畫家畫了什麼人物、人物的表情和周遭環境的樣貌等等，都必須關注。如果用

❸ 至於什麼是合格的「表達」（expression），大部分理論家都有嚴格的定義。例如，對某些學者來說，煽情（sentimentality）通常就不是真正的「表達」情緒。

電影來探討，形式主義會傾向認爲：一部電影是不是藝術，要看它的分鏡、剪接和畫面的構圖，而表達情緒主義則會傾向認爲要看劇情、角色對話和演技等等和情緒表達有直接關連的內在性質。

走這兩種「內在性質」的路線來定義藝術，看似符合我們之前所說的直覺：觀賞藝術、創作藝術應該著重作品中內在、本質的東西，而不是去看它進入市場之後是否能受到觀衆歡迎。

但是，許多哲學家也發現，若不考慮作品文化歷史脈絡和時空背景，純粹用內在性質來定義藝術，通常只能捕捉到某一類或某一個時期的藝術品。簡單來說，這個路線允諾了一個適用於所有時空的「藝術」定義，從東方到西方，從古希臘到現代臺灣，但是實際上卻很難有一個「內在性質理論」能給出令所有人都滿意的答案。

例如，形式主義是相對近代的產物，一般認爲這個理論適合用來分析西方現代主義的作品，包含抽象風格的畫作、極簡風格的音樂。而情緒表達主義則最適合用來描述十九世紀歐洲浪漫主義時期的藝術作品。也就是說，我們似乎很難找到一種或數種內在性質，然後下結論說，就是它們決定了所有時期的藝術性質。

這一類的批評，讓哲學家開始重新思考「外在性質」對定義藝術的重要性。美國哲學家亞瑟·丹托（Arthur Danto）曾經提出一個著名的例子來批評內在性質理論。普普藝術❹開創者安迪·沃荷（Andy Warhol）曾經複製「Brillo」這家品牌裝肥皂的紙箱。一開始紙箱只是別人設計的實用廣告包裝，但是到了一九六四年，沃荷複製的紙箱雕塑開始在博物館展出，之後沃荷的「Brillo Box」開始被認爲是藝術品。

丹托主張，既然在賣場隨處可見的紙箱和博物館中沃荷的「Brillo Box」是看起來一模一樣的作品，可是一個只是紙箱，一個卻被認爲是藝術。顯然的，作品的內在性質並非決定藝術是什麼的必要條件。就是在這樣的討論之中，英美哲學家開始提出著重外在性質的理論來回答「藝術是什麼」。

丹托首先強調「藝術世界」（artworld）這樣的外在性質。「藝術世界」指的是一件藝術作品被創造出來時當下的文化和歷史脈絡，所以我們可以說，沃荷的「Brillo Box」之所以是藝術，並不是因爲它設計得好看或是有什麼巧思，只是因爲它滿足了一九六〇年代美國藝術世界對藝術的定義。

❹ 普普藝術（Pop Art），探討通俗文化與藝術之間關連的藝術運動，試圖推翻抽象表現藝術並轉向符號、商標等具象的大眾文化主題。

隨後，哲學家迪奇（George Dickie）也提出進一步的定義。他認爲：藝術品就是被創造出來呈現在公衆藝術世界的作品。這一種理論後來被稱爲藝術的「體制理論」（Institutional Theory of Art），因爲它主張某件作品如果滿足了某種當下社會文化體制的條件（例如得到藝術獎、獲選參展等等），就能成爲「藝術」。

然而，我們可以發現，用「體制理論」來定義藝術會產生循環定義的問題。簡單地說，體制理論嘗試用「藝術世界」來定義一件藝術品，但定義「藝術世界」（也就是藝術品背後的社會歷史脈絡），卻又已經預設了藝術品的存在。此外，體制理論似乎並沒有實質回應到「藝術之所以是藝術」的理由。考慮這個情況：

沃荷把作品拿到博物館展出就變成藝術品。然而，如果我今天複製了一個臺灣郵局寄包裹的鴿子便利箱，我相信做得還不差，但是即使拿出來展出，恐怕也很難被認爲是藝術品。

爲什麼會有這個差別呢？體制理論不討論作品內在的不同之處，因此會如此回答：「因爲沃荷是有名的藝術家。」「因爲他

1964 年，沃荷複製的紙箱雕塑開始在博物館展出，之後沃荷的「Brillo Box」開始被認為是藝術品。（照片出處 https://www.flickr.com/photos/kevinandchris/3369128432/）

是在受認可的博物館展出。」「因爲他在對的時間點做出紙箱。」

但是，我們可接受用這些理由來區分藝術和非藝術嗎？或者說，藝術和非藝術之間的差別，就只是這樣嗎？此外，有人甚至可以批評，沃荷複製的紙箱「其實只是文創商品，卻被包裝成藝術」！而對這樣的批評，體制理論也沒有辦法給出實質的回應。

所以我們發現，如果僅用外在性質來定義藝術，完全不考慮作品的內在性質，我們似乎很難給予具有說服力的條件來定義藝術。然而把內在性質考慮進來，又會遇到前述問題：不同時期、不同風格的藝術品，它們的內在性質似乎大不相同。

藝術能定義嗎？

從以上爭論中，我們可以發覺藝術似乎難以定義。**「藝術」是一個不斷變動的概念。在不同時空環境，我們都會發現藝術的不同性質。**其中一個主要原因，**就是因爲藝術似乎必然和「創新」連結在一起，新的藝術品、新的藝術性質不斷產生。**

在浪漫主義時期，評論家還沒辦法想像抽象畫的存在，在寫實主義文學盛行的時候，評論家無法想像後現代文學的藝術性質。理論家必須發明新的理論，但是新的作品又會繼續創造出來。所以，有些哲學家乾脆承認，其實沒有辦法定義藝術。

「定義」某個東西、某個概念，也就是要找到它的充分且必要條件[5]。上述的內在或外在性質理論，其實都是在嘗試提出「藝術」的充分且必要條件。例如，當哲學家主張「藝術品就是一件能夠表達情緒的作品」時，就是在說：表達情緒就是藝術品的充分且必要條件[6]。

哲學家魏茲（Morris Weitz）就認爲：一個概念如果無法找出充分且必要條件來定義，它就是所謂的「開放概念」（open concept）——會在不同文化及歷史脈絡中不斷改變意思的概念。

魏茲主張，相較於其他哲學上常討論的詞彙，例如：正義、幸福、三角形。「藝術」這個詞幾乎可以說沒有懸念地就是開放概念。因爲藝術中新的性質、新的條件、新的風格都會不斷被創造出來，所以我們要去精確「定義」藝術、找出藝術的充要條件，似乎是不可能的事。然而，這並不代表一直以來關於「什麼是藝術」的理論探討都白費了。雖然我們沒辦法給出藝術的充要條件，但是哲學家仍然有理由相信，即使沒有「定義」，我們還是可以「區分」或「辨認」出什麼是藝術。

區分出藝術品並不需要定義

日常生活中，我們可以辨認出許多事物，卻不需要詳細定義。例如：我們可以認出一張椅子，卻不知道椅子精確的定義是什麼。沒有定義的缺點在於，如果某位設計師創作出一張有點像桌子的椅子，我們可能會陷入歸類上的麻煩。不過，我們仍然有方法，可以理性地去討論某個新的設計到底是椅子還是桌子。例如，我們可以說它有椅背，它的高度適合坐，所以**比較**像是椅子。

這樣的辨認方法，哲學上稱做「家族相似性」（family resemblance）。同樣的，我們也可以用這點來辨認藝術品。一般來說，運用這個方法，我們需要先承認一個家族中的「典範」（paradigm），也就是「幾乎所有人都同意它是藝術品」的東西，然後根據這個典範來比較作品的內在性質，而後找出足夠的相似性，再決定某個新的候選作品是不是藝術。

---

❺ 充分及必要條件（sufficient and necessary condition）簡稱「充要條件」。在邏輯學中：當命題「若A則B」為真時，A稱為B的充分條件，B稱為A的必要條件。

❻ 更精確的說法可以是這樣：「一件作品是藝術品，若且唯若（if and only if）它有表達情緒的內在性質。」

譬如，許多人都認爲英格瑪・柏格曼（Ingmar Bergman）的電影是藝術，他電影中的內在元素例如敘事風格、分鏡、表達情緒的手法等，有足夠的藝術性質，因此能夠當作典範。所以當在他之後的新風格電影被創造出來，而我們想討論這部新電影是不是「藝術電影」時，就可以把柏格曼電影的內在性質拿出來相比，看看是否有類似的地方。這時候也能將先前提到的形式主義和表達情緒主義的理論拿來運用，可以分析電影的「形式」相似程度，也可以分析電影中「表達情感」的相似性，然後論述說某部新電影是否有藝術性。在一些訪談中，著名的導演例如伍迪・艾倫或李安，都曾經拿出柏格曼的電影來分析，並說明自己是怎麼樣受到其影響。某種程度來說，這也是把自己的作品歸類爲藝術的一種方式。

除了家族相似性以外，哲學家卡羅爾（Noël Carroll）也提出另一個辨認藝術的方法。他稱做「鑑定敘事」（identifying narrative）。卡羅爾的方法如下：

鑑定敘事，就是評論者提出的某個歷史故事或敘述，用來解釋我們如何在已經建立的藝術典範和歷史脈絡之中，去理解一件新的作品。

卡羅爾強調，在這樣的「故事」之中，首先必須考慮創作者的意圖，同時，創作者的選擇、決定、行動和目的等等都應該盡可能納入故事裡。所以，這樣的故事必須根據事實，作品的內在性質也必須合理。這樣的故事也因此不是任意的，而是有根據的歷史、心理和事實敘述。

當美國舞蹈家鄧肯（Isadora Duncan）創作出現代舞時，她的作品激起了「這是藝術嗎？」的討論，因爲那時傳統上認可的舞蹈藝術只有古典芭蕾。而要論述鄧肯的現代舞是藝術（或者不是），卡羅爾認爲我們可以提供鑑定敘事。例如，許多評論家都指出，鄧肯在創作時嘗試找尋更自然、更自由、更突發（spontaneous）的肢體表達方式，而這些表達方式能追溯連結到古希臘時期的自然舞蹈。

於是，**這樣的鑑定故事和論述，和「家族相似性」一樣，都免去「定義」藝術，但仍然提供了一個理性溝通的基礎，讓不同意見的人彼此論辯，共同尋找「這是藝術嗎」的解答**。

小結

總結來說，當我們在問「什麼是藝術」的時候，我們至少是在詢問兩個不同的問題：一個是「我們如何定義藝術」，另一個則是「我們如何區分出藝術」。雖然我們沒有辦法確切「定義」藝術，但是我們仍然有理性的方法可以討論出什麼東西是藝術品，什麼不是。我在本文說明了：

當我們主張某個作品是或不是藝術時，並不是只能依賴主觀的感覺，我們能客觀描述作品的「內在性質」，同時建立理性溝通的基礎來互相辯論它是不是「藝術」。

那麼，回到最初的問題，文創是藝術嗎？福祿猴是藝術嗎？

相較於藝術，文創似乎是相對可以詳細定義的概念。一個作品是否為文創，主要取決於它能不能成為文化產業中的商品。所以「文創」主要是著重於作品的外在性質。我認為可以粗略地以兩個條件定義文創：

一、文創產品必須是市場上有商業價值的產品。

二、文創產品必須透過作者的某種創意來製造。

從這樣的定義我們可以發現，文創當然不等同於藝術，但許多人對文創的排斥，在於第一個「外在性質」的條件，而非第二個。這也呼應了一開始提到許多人對藝術的看法：藝術應該著重更內在、更本質的東西。

雖然如上所述，我們沒有辦法確切定義藝術，但在辨認或區分藝術品時，藝評家和哲學家所根據的理由，絕大部分的確是由內在性質而來。所以我們可以說：

要知道藝術是什麼，我們無法忽略內在性質，也無法僅僅從工具性的外在價值得到答案。不過，藝術雖然不等同於文創，但「理論上」兩者也不相斥，一件好作品能夠擁有藝術品的內在性質，同時也成爲市場上叫座的文創。只是實際上，兩者著重的面向並不相同。

至於文章一開始提到的福祿猴到底算不算是藝術？我想，既然多數人都批評它的設計，辯護的責任就落在那些支持「它眞的是藝術」的人身上。只不過，經過上述討論後我們知道，在這裡辯護的方法不能再採用「藝術是很主觀的」或是「普通人就是看不懂藝術」這樣的理由了。

辯護者必須採用「家族相似性」或「鑑定敘述」等方法來客觀描述作品的內在性質（例如：此花燈的顏色、比例、材質、光影表現或表達的情感等等），並加以說明這些性質相似於哪些大家共同認可的「典範」。如果提供的論述能夠成功說服人，也就有道理主張這東西其實是藝術了。

思考問題

①這篇文章說明了：雖然我們無法定義「藝術」，卻還是能有客觀的事實和合理的理由，幫助我們辨認什麼是藝術。這個乍聽之下有點矛盾的主張是怎麼達成的呢？以電影為例，如果我們無法詳細定義「藝術電影」是什麼，那麼還能用什麼理由來論述李安、侯孝賢或蔡明亮的某些電影就是藝術電影呢？

②根據這篇文章，藝術和文創的主要差異在哪裡？你是否認同？有什麼理由可以反對這樣的區分？此外，藝術和文創的區分，和所謂作品內在性質與外在性質的區分，關連在哪裡呢？

第二篇 林斯諺

作者已死：評論藝術作品，需要看作者臉色嗎？

試想以下狀況：評論家針對一本小說寫了評論，認爲它隱含強烈的懷疑論思想。然而，小說作者認爲該評論的詮釋嚴重扭曲了他原本的創作意圖，並爲文反駁。

在文章裡，小說家強調自己根本沒有任何懷疑論的想法，並認爲該評論非常不負責任：如果想知道作品背後的創作意圖，爲何不打通電話來詢問作者而卻要私自揣測呢？作者還好端端活著，只要一通電話就能得到正確答案呀！就算不打電話，也可以去看他在雜誌以及網路專欄的訪談，早就談過作品眞正想表達的內容。

評論家看了作家反駁的文章，不甘示弱也寫了另一篇文回應，他在文中表示，他通常不會去看作家高談闊論自己作品的文章，只關注作品本身告訴他什麼；如果讀者還得請作者來「指導」他讀懂作品，這不會是文學評論的正途。

作者意圖與詮釋

前例改編自筆者身邊眞實故事，事實上這種作家與評論家（或作者與讀者、讀者與讀者之間）的爭論相當常見，網路上電影、小說討論區甚至文學界的研究者都常爲作品的正確詮釋而爭論不休。這種現象不禁讓我們想問：究竟任意詮釋作品是否合理？有過度的詮釋嗎？若有，限制詮釋的條件是什麼？到底有沒有「唯一正確」的詮釋？這一系列問題大抵上就構成了藝術哲學中一個相當棘手的議題：詮釋（interpretation）。

從開頭的例子，我們大概可以看出作家跟評論家兩人爭論的一個重點：作者意圖（authorial intention）[1]與作品意義（work-meaning）之間的關係究竟是什麼？

在前例中作家認爲一部作品說了什麼，取決於作者要透過它說什麼；評論家則認爲，作品說了什麼，應該僅取決於作品內容。簡單地說：一方認爲正確的詮釋是作者說了算，另一方認爲是作品說了算。

意圖謬誤

在英美分析哲學的歷史中，詮釋理論的爭論公認始於一九四六年的一篇論文〈意圖謬誤〉（The Intentional Fallacy）。這是由文學評論家威薩特（William K. Wimsatt與哲學家比爾茲利（Monroe C. Beardsley）合著，它在英美藝術哲學界掀起的論戰，迄今尚未停歇。他們兩人的核心主張很簡單：

任何由作者意圖（前提）來推出作品意義（結論）的論證，都犯了「訴諸意圖的謬誤」（以下簡稱「意圖謬誤」）。

舉例來說，假設我是一位評論家，讀完了一本小說後打算寫書評，動筆之前我從電視上的作者訪談得知作者在創作這本小說時，打算透過這個故事來體現懷疑論的哲學思想。於是我在評論文章中便以此為基礎，將該本小說詮釋成表達了懷疑論的思想。這樣的詮釋就是意圖謬誤。因為「訴諸作者的意圖來推出作品意義」的推理，是無效的。

❶ 如何定義「意圖」（intention）也引發了不少的爭議，但可以粗略理解成作者欲在作品中實現的計畫或設計。

威薩特與比爾茲利首先用一個兩難式來證明，訴諸作者意圖是沒有必要的：

前提一：要嘛作者成功在作品中實現了他的創作意圖，要嘛失敗了。

前提二：如果作者成功在作品中實現了他的創作意圖，那麼我們便沒有必要訴諸作者意圖（作品本身就告訴我們作者意圖）。

前提三：如果作者沒有成功在作品中實現創作意圖，我們當然也不需要訴諸作者意圖（既然失敗，這個意圖已經跟作品無關了）。

結　論：不管是哪一種狀況，訴諸作者意圖都是沒有必要的。

舉剛剛的例子，如果作者藉由小說表達懷疑論的哲學思想，並且成功寫出了體現懷疑論的故事，在這種情況下，讀者沒有必要去閱讀作者的訪談或去看作者的臉書來得知該作品背後有懷疑論的思想，因爲故事本身就能告訴我們這點。

然而，如果作者的嘗試失敗了，作品無法與懷疑論產生有意義的關聯，那麼就算作者在訪談中說他試圖創作一部懷疑論的小說，我們也不需要去管這個創作意圖，因爲實際上寫出來的作品已經跟這個意圖毫無關係了。

也就是說，要知道作品的意義，我們只需要看作品本身，毋須訴諸作者的意圖來進行詮釋工作，因爲文本就告訴我們一切。這種詮釋立場稱爲「反意圖主義」

（anti-intentionalism）。你可以猜到，和這種立場相反的，自然就被叫做「意圖主義」（intentionalism）。

語言慣例與作品意義

如果我們接受反意圖主義的兩難論證❷，不禁要繼續追問「作品自己說了算」或是「文本就告訴我們一切」到底是什麼意思。僅依賴文本來得出作品意義，所依賴的到底是什麼？對反意圖主義而言，我們的詮釋必定依據文本呈現出的一套客觀資料。這些客觀資料其實就是作品中的文字所關涉到的語言慣例（linguistic conventions）❸。

文學作品由文字組成，文字的意義來自語言慣例，這包含了字典中對字詞成語的

定義以及一般大眾的語言使用習慣。若沒有這些語言慣例，大部分的言談都不可能進行，更不用說看懂文學作品了。反意圖主義者認爲，語言慣例是詮釋作品時不能違背的客觀資料，詮釋者必須觀察作品所使用文字的語言慣例，透過公共的語言知識來推敲作品意義。

有些人可能會說，透過語言慣例頂多只是知道字詞或語句的表面意思（literal meaning），而難以知道「弦外之音」，而後者才是詮釋時讓我們傷透腦筋的部分，因爲這樣才需要知道作者意圖來「解碼」。但反意圖主義者對於語言慣例的理解比這種批評來得廣泛和深刻。

對反意圖主義者來說，語言慣例包括字詞的言外之意（connotation），因爲它們也是字詞意義的一部分。例如當我們說「沙漠」就會聯想到「乾渴」，不會聯想到「豐饒」；「獅子」代表「勇猛」，而不會是「膽小」；而像成語都有固定指涉的意義，不可濫用。針對較大的語言單位，例如語句，其暗示也都有跡可尋而非任意。如果有人跟你說：「今天的考試超級難！」你就可以推知對方今天參加了考試，而且可能沒有考超高分。這些都預設了語言慣例的理解。

當一件作品中某個段落意義含糊時，通常可透過掌握相關的語言慣例，全盤細讀作品的上下文，排除不可能的解讀並推理出正確的作品意義。反意圖主義者認爲透過這樣的方式，在大部分的狀況下我們可以得到一個唯一正確的作品詮釋❹。由於主張作品意義是由語言慣例所決定，因此反意圖主義者又被稱爲「慣例主義者」（conventionalist）。

為什麼反意圖？

比爾茲利進一步提出兩個論證，說明文學評論應該採取反意圖主義的進路。第一是關於作者意圖可得性（availability）。通常讀者們難以獲取關於作者意圖的證據或資料（回想從前看過的小說，你了解幾本小說的創作意圖），更別提許多作者

---

❷ 有人可能會說這論證仍承認了「成功在作品中實現的意圖能決定作品意義」，但該論證說明了此種意圖無法「充分地」（sufficiently）決定意義。針對此點爭議可參閱 Colin Lyas, Wittgensteinian Intentions, In *Intention & Interpretation*, ed. Gary Iseminger (Philadelphia, PA: Temple University Press, 1992), pp.132-151.

❸ 「文本」「作品」二詞在反意圖主義的脈絡中沒有太深刻的區分，常常混用，這是因為比爾茲利將作品等同於文本。但後來的哲學家將二詞做出了嚴格區分。此處不細論。

❹ 若不能，表示文本本身就是模糊的，但反意圖主義者認為這種狀況不多。

都是年代久遠的古人，想問也問不到。在這種情況下，在裁定詮釋的對錯時，最可靠的證據就是文本。如果我們最後可以從文本中找到證據否決某個解讀，那麼該解讀就是錯的。

第二個論證是關於審美的滿足感（aesthetic satisfaction）。文學詮釋的目標應該是幫助讀者深入了解作品來獲取閱讀的滿足感。例如小說或詩詞的評論文章常常可以替我們指點迷津，讓我們發出「原來這首詩有這層意思！」或是「原來這個故事表達了這個主題！」之類的讚嘆，進而使我們的閱讀經驗更加愉快。既然我們在閱讀及解讀的對象是作品，評論瞄準的應該就是作品本身，而不是外在於作品的作者以及其意圖。

讀到這裡也許有人會說，透過作者意圖來了解作品不也能帶來閱讀的滿足感？當我們更了解作家寫作的嘗試時，常常也能夠讓閱讀體驗更有趣。嚴格說來，比爾茲利並沒有反對我們在詮釋作品時「參考」作者意圖的資訊，他真正反對的是這些資訊必然地決定了作品意義。也就是說，參考這些資訊是可以，但我們被這些訊息所啓發的詮釋假設是對是錯，要由我們在作品身上觀察到的證據來決定。這些資訊頂多帶給我們詮釋靈感，但不能決定作品意義。如果這些資訊最後證明跟作品無關，那麼就算它能帶來滿足感，也不會是詮釋活動應該要帶來的滿足。

小結

反意圖主義主張作品有自己的生命，並非作者的傀儡。作者是作品誕生的原因，但無法代言作品，就像父母是孩子誕生的原因，但無法干涉孩子作爲獨立個體的思想。在詮釋活動中，我們該理解、傾聽的不是作者，而是作品。評論者應該把作品從作者的陰影中解放。

思考問題

①假設你在完全不知道作者意圖的情況下讀了一本小說，並認定作品很明顯地傳達了「莊周夢蝶」的想法。這時你在網路上看到一名評論家聲稱：「作者在訪談說過要寫莊周夢蝶，我抱著這種認定去閱讀，讀完後發現的確如此。」試問評論家是否犯了意圖謬誤？

②想像以下情境：你正在喝湯，覺得湯沒味道，想加點鹽，於是從桌上拿了一罐鹽倒進湯裡，結果喝了之後才發現自己加了糖進去。原來你傻傻地把糖看成是鹽了。這時旁邊的朋友大笑：「你真是個稀世天才！」針對這個簡短的文本，依據反意圖主義「只看文本本身」的詮釋法，我們應該理解成什麼意思？你認為反意圖主義能夠處理「反諷」的案例嗎？

解讀藝術作品，為何需要考慮作者意圖？

第三篇　林斯諺

曾經有一位讀者在網路上撰文批評我的某部小說，我認爲該批評未看出故事背後的弦外之音，因此打算留言回應，但怕直接留言會變成「對嗆」，於是乾脆貼了一篇後記，闡釋作品背後的創作意圖，也算是間接回應批評。

然而，對方的回應是，他只看小說本身，從來不看所謂的導讀、自序、推薦文、作者訪談或後記。

他認爲文本是理解作品的唯一恰當途徑，除此之外，一切資訊都不相干。文本說了什麼就是什麼，就算作者背後有什麼複雜心思或微言大義，沒能在文本中成功呈現出來就是失敗了，解釋再多都沒有用。

簡言之，一切以文本爲主，讀者評論的對象是文本，不是文本之外的東西。

作者的驅逐

這種詮釋立場相當接近藝術哲學中的「反意圖主義」。該理論主張，要詮釋作品，我們完全不需要特地去了解作者意圖及其生平，而作者意圖也無法充分決定文本的意涵。反意圖主義把所有「戲分」交給作品，可說是某種形式的「作者已死」。這個哲學流派在四〇年代於美國竄起後盛極一時，以分析哲學家比爾茲利爲首，爲所謂的「新批評」❶文學運動提供了堅強的哲學基礎，「作者們」一時成爲過街老鼠，人人喊打。後來有論者稱此現象爲「作者的驅逐」（banishment of the author）。

六〇年代末期，法國哲學家羅蘭·巴特、傅柯分別發表論文〈作者已死〉（Death of the Author）、〈什麼是作者?〉（What is an Author?），再次反對作者在詮釋中扮演權威性的角色，將「作者的驅逐」推到高峰。與比爾茲利不同的是，巴特與傅柯是將「戲分」交給讀者，強調讀者的自由詮釋權，而非文本的權威性。

如今，不管是文本導向還是讀者導向的「作者已死」，可說是許多讀者（甚至

❶ 新批評（New Criticism），美國於二十世紀初期至中期的文學思潮，核心要旨就是反意圖主義。

許多作者）閱讀作品的基本立場。有趣的是，在英美分析美學的圈子裡，抱持意圖主義立場的人其實占多數，他們反對將作者變得「人微言輕」，並從六〇年代開始對反意圖主義展開一連串的「絕地大反攻」，爭論持續到今日。

為了讓藝術價值最大化，我們應該驅逐作者

比爾茲利曾提出一個論證，來說明詮釋者為何應該關注文本意涵❷，而非作者意涵❸。他認為，詮釋者的工作是從審美的觀點來了解作品，亦即指出並解析作品的藝術特質，進而讓我們獲得審美的滿足感。如果只關注作者所思所想，那麼這

樣的詮釋是從歷史的觀點在談作品，並沒有眞的針對作品本身具有的藝術特質在解析。爲了達致審美滿足感，我們需要的是審美觀點而非歷史觀點。

比爾茲利之後的反意圖主義者——例如戴維斯（Stephen Davies）或郭德曼（Alan H. Goldman）——擴大運用這個論證，他們主張好的作品詮釋，是能夠將作品的藝術價值發揮到極限的詮釋，唯有如此，才能讓我們獲得最大的審美滿足感。例如，若一部作品可以同時承載兩個解讀，那我們應該選擇那個讓作品顯得較有深度的解讀（這當然不一定會是作者內定的解讀）。這種反意圖主義被稱爲「價值最大化理論」（value-maximizing theory）。

舉個例子，有些人認爲《西遊記》是詼諧的玩世主義，並沒有深入的微言大義，但有些人認爲這部作品有政治上的諷喻性，影射犯罪事件背後的首腦常常是達官權貴（故事中許多妖精都是神仙佛子的坐騎或童子），而孫悟空一行人各自象徵迂腐

❷ 文本意涵（textual meaning），即文本本身呈現出來的意涵。這邊我偏好用「意涵」一詞來翻譯 meaning 這個單字，但在我的所有介紹文章中我會把它與「意義」等義使用。

❸ 作者意涵（authorial meaning）即作者創作時心中希望作品呈現的意涵。在此之前，比爾茲利已經從本體論角度證明文本意涵不等於作者意涵，此為反意圖主義的核心論證，也是意圖主義者想要攻擊的。本文焦點不在此，不做介紹。

政治環境下不同的官員面貌。雖然兩個詮釋都說得通（方便起見，假設我們只有這兩個詮釋），但後者似乎較能放大作品的藝術價值❹，因此是比較恰當的詮釋❺。

比起作者意圖，反意圖主義更在乎詮釋展現的藝術價值，然而，反意圖主義並不認爲詮釋可以眞的「自由發揮」。例如，所有的詮釋都不能違背文本提供的客觀資料：我們不能說福爾摩斯住在美國，我們也不能說福爾摩斯擁有豐厚的文學知識，我們也不能說福爾摩斯在《四簽名》中刻意隱瞞眞相沒有告訴華生。因爲從文本證據我們根本無法合理推出這些結果。

不過，在文本證據限制下，作品仍有可能容許多個詮釋，詮釋者該作出的就是能把作品價值最大化的詮釋，因爲藝術詮釋的目的就是要達到最極致的審美滿足。

爛作品的挑戰

美國哲學家卡羅爾（Noël Carroll）是英美分析哲學支持意圖主義的健將，他認爲價值最大化理論有個致命危險：會把矇到的爛作品誤判爲神作。

一九五九年的電影《外太空九號計畫》（Plan 9 from Outer Space）是艾德．伍德（Ed Wood）導演的科幻片，敘述外星人爲阻止地球人研發毀滅宇宙的科技，喚醒地球上的活屍大軍引發大亂。伍德跟這部片後來被影評人認證爲史上最爛導演跟電影。對這認證存有疑慮的人可自行搜尋本片相關資料。此片上映後有很長一段時間沒沒無聞，後來被一些電影研究者認爲是後現代主義的經典，認爲這部電影踰越了當時好萊塢電影的拍片成規，以後來的眼光來看相當前衛。

然而，就算這部電影像是逾越了成規，但這眞的是導演伍德的意圖嗎？卡羅爾不這麼想，他指出，從各證據來看，可能的解釋是：伍德原本想拍出好萊塢格局的電影，但礙於拮据的預算，在千方百計的節省下，反而造成了「踰越」效果。畢竟無論如何，我們都難以相信當年的伍德會有後來前衛藝術的概念，也難以相信他會希望觀眾用後現代方式詮釋他的電影。他就只是要拍一部單純的B級片而已。

然而，影評人的後現代解讀的確是可以強加在《外太空》一片上的，這並未違背文本證據。根據價值最大化理論，我們應該要將這部明顯是粗製濫造的科幻活屍

---

❹ 第二種詮釋的另一種版本說明了孫悟空、豬八戒不敢跟「背景硬」的妖精為敵，因此常打輸。這則詮釋被網友推爆還上了新聞，標題為〈《西遊記》神比喻！　鄉民：不要惹後臺硬的〉

❺ 價值最大化論者並沒有說最佳詮釋只能有一個，也許我們有三個跟文本相容的詮釋，但若其中兩個放大價值的程度一樣，那這兩個解讀都是作品的最佳詮釋。當然，如何決定價值高低是另一件事。

片，視為是後現代拼貼的傑作。卡羅爾認為這明顯是把爛作當神作。

詮釋與對話

根據卡羅爾，價值最大化理論最大的錯誤，就是認為我們為了審美的滿足感，在進行詮釋活動時，應該將審美興趣置於最優先。事實上，我們應該有更重要的關注點。

不限於文學，當我們欣賞任何形式的藝術作品時，難道我們最重要的目的不是在試著了解作者究竟想透過作品傳達什麼？看小說時，我們問作家想說什麼；看電影時，我們問導演想說什麼；讀詩時，我們問詩人想說什麼；看畫時，我們也問畫家想說什麼。作品承載著作者想傳達的訊息，彷彿是作者說出來的話語，當我們接收到作品的那一刻，我們便進入一種「對話」關係，試著去理解另一個人對我們說的話。藝術脈絡下的與日常脈絡下的對話並沒有太大區別，或許只少了互動性，但就連日常對話都不一定有互動性——例如離線訊息或語音信箱。

做為一位對話者或聽眾，我們最重要的任務便是努力得知對方想要傳達什麼：我們不想誤解或曲解與我們對話的人。一場真正的對話奠基在我們確認自己真正抓住對方話裡的意思，亦即，獲悉說話者的意圖，否則的話，我們難以說自己有了成功的溝通。對話牽涉到彼此理解的社群感與互相交流的親密感，如果我們只是一廂情願地詮釋、不在意對方話語背後眞正的想法，那對話的要素將會流失。

詮釋作品就是去了解作者創作的眞正意圖，去了解作者透過作品想說的話，就如同日常對話中，詮釋別人的話語就是去了解說話者背後的眞正想法。在對話關係裡，我們不能將美麗的曲解當成眞相，那樣的詮釋不論再怎麼漂亮，再怎麼華麗，終究只是鏡花水月、空中樓閣。扭曲對方的語意，不但不尊重說話者，也沒有尊重我們自己，而這種相互尊重是良好對話關係的前提。

在《外太空九號計畫》的例子中，後現代詮釋便是美麗的曲解，我們明知導演伍德沒有任何打破好萊塢成規的前衛藝術想法，卻硬是強加附會。這就好像把顚三倒四的夢話解讀成非線性敘事的詩作，把不知所云的夢遊者當成偉大的詩人了。

反意圖主義把觀眾與作品的關係化約成一種「我／它」的關係，也就是一種「人對物」的關係，在這種關係中，藝術品就好像變成一個商品一樣，爲了滿足我們的審美需求而存在。但如果藝術詮釋如卡羅爾所言是一場對話，那我們眞正所處的關係應該是一種「我／你」的關係，也就是「人對人」的關係。當我們在圖書館的書架上發現一本書，在美術館看見一幅畫，在收音機聽到一首樂曲時，我們並非只是偶然接觸到一部作品，我們所面對的是隱藏在作品背後的身影，是孕育作品的那個靈魂。我們與作品的接觸，其實是與作者的一場邂逅。這場邂逅的動人之處不是來自美麗的曲解，而是眞誠的理解。

審美享樂主義

價值最大化理論可說是一種「審美享樂主義」（aesthetic hedonism），假定了審美的滿足與愉悅是藝術活動中最重要的事。卡羅爾要我們回憶著名政治哲學家諾齊克（Robert Nozick）提出的「經驗機器」（experience machine）論證。這個論證被用來反駁享樂主義：

「假若有一部經驗機器，它能夠製造任何你所欲求之經驗。頂尖的神經心理學家能操控你的腦，讓你以爲並感覺自己正在寫一本偉大的小說，或交朋友，或讀一本有趣的書。但自始至終你卻只是漂浮在機槽中，腦部接上電極。你是否應該進入機器度過一生，度過一個你預先編設的美好人生？」

諾齊克認爲答案是否定的。經驗機器可以製造最大値的快樂，若享樂主義是對的，每個人都有十足的理由使用經驗機器。若我們拒絕進入經驗機器，就代表人生中有比快樂更重要的事需要被滿足，亦即，活在眞實當中：我們要的是眞實的經驗。

價值最大化理論就像經驗機器，能夠帶給我們最極致的審美體驗，但卻犧牲了眞實。我們希望遇見眞正才華洋溢的作者，而不是才華洋溢的假象。接受一個華麗卻虛假的作品詮釋，等於是爲了審美的毒癮而放棄了對話關係中該有的自重。

作者未死

綜上所述，卡羅爾指出審美興趣不一定是詮釋活動的最重要前提，在詮釋作品時，我們常常是爲了想要了解作者透過作品想說的話，這種「對話興趣」（conversational interest）也相當重要。一旦承認我們擁有與作者溝通的渴求，審美興趣就不可能主導詮釋方向。如此一來，理解作者意圖將會是詮釋工作的首要之務❻。

相較於反意圖主義強烈的去人格化傾向，卡羅爾所代表的眞實意圖主義重新將

❻在此有必要澄清卡羅爾提出此理論的脈絡。在闡述對話理論之前，他已經先從本體論的角度反駁了比爾茲利的反意圖主義（這部分無法在本文討論），接著才討論價值最大化理論與他的對話理論。如果有人覺得卡羅爾沒有真正反擊反意圖主義，這個澄清或許可以回應。

我們的目光導引到作者身上，重新把被驅逐的作者找了回來。作者未死。

作品並非每每獨自面對我們，當我們面對作品時，我們也同時在諦聽另一個人所訴說的話語。因爲藝術理解是一場對話，是觀衆與作者的對話，是我們與藝術家的親密交流。

思考問題

①對意圖主義常見的一種批評是，我們不可能知道別人的心理狀態，永遠只能猜測、假設。因此，不可能真正知道作者的意圖。作者的證言或作者的相關資料，只是一種證據，而證據是可錯的（fallible）。意圖主義者認為這不是問題，我們的確無法每一次精準捕捉到作者意圖的詮釋，但至少大部分是可辦到的，就如同日常生活中，九成時候我們都不會誤解別人的意思。你如何批評這種回應？而意圖主義者又可以如何回應？

②假設是一位作者，你讀了一位評論家對你作品的評論，他的詮釋讓你覺得說得太好了。但是，那不是你想在作品中表達的意思——即使他說的可套在你的文本上。試想，你會認為對方曲解你嗎？會否認這是一個恰當的詮釋？想想看這例子是否對卡羅爾所提的「對話興趣」造成挑戰。

第四篇 林斯諺

看不懂藝術品時，為什麼不該問作者？

哈羅德．品特（Harold Pinter）是二〇〇五年諾貝爾文學獎得主。其一九五七年的知名劇作《生日派對》於一九六八年改編成電影上映，故事敘述兩位陌生人闖入男主角史坦利家，聲稱要替他辦生日派對，史坦利堅稱今天不是他生日，誰知這正是夢魘的開始：陌生訪客強行進行讓人精神崩潰的虐待派對，結束後更不知把史坦利帶往何方。

一名迷惑的觀眾寫信給品特：

「如果您能好心解釋這故事的涵義，我會相當感激。我不了解下述幾點：一、那兩個人是誰？二、史坦利是什麼來歷？三、這些角色都是正常人嗎？請您了解，如果不知道這些問題的答案，我實在無法完全看懂您的故事。」

品特的回信：

「親愛的女士：如果您能好心解釋這封信的涵義，我會相當感激。我不了解下述幾點：一、您是誰？二、您是什麼來歷？三、您是正常人嗎？請您了解，如果不知道這些問題的答案，我實在無法完全看懂您的信。」

這個故事傳達了一個很有趣的心理狀態：對作者而言，作品完成之後，就跟作者沒有瓜葛，作者不需要去解釋自己的作品，也不希望受眾來詢問作者究竟想要透過作品表達什麼，因爲作品是一個獨立自存的個體，詮釋線索都已包含在內。

美國哲學家納芬（Daniel O. Nathan）認爲這種心理狀態存在於所有作者和藝術家的心中，在藝術哲學領域，這種現象會對所謂的意圖主義詮釋學立場造成重擊。他將這種對於意圖主義的反駁稱爲「意圖悖論」（paradox of intentionalism）。底下將先簡單介紹意圖主義，再介紹意圖悖論。

意圖主義

藝術哲學裡的「詮釋學」，粗略來說，是研究「詮釋者該如何決定作品意涵」的學問，而這個問題的答案通常被「什麼決定了作品意涵」左右。例如，如果有人主張作品意涵是被作者意圖所決定，那麼他通常就會進一步主張，我們應該訴諸作者意圖來詮釋作品。這種立場便是意圖主義。意圖主義的不同版本有不同說法。極端版本認爲作者的意圖完全決定作品意涵，絕無例外。考慮這個情況：

有位畫家畫了一張圖，從構圖來看很像葫蘆，但畫家本人說（或用其他方式透露）其實他畫的是猴子。粗略來講，最極端的意圖主義會認爲，在上述例子裡，「畫的是猴子」才是對於作品意涵的正確詮釋。

另一方面，審慎版本（modest version）的意圖主義認爲，作者的意圖只有在成功實現時，才決定文本的意涵。以上例而言，畫中之物既然怎麼看都是葫蘆，那麼我們便不需要作者的意圖來詮釋作品；但假若畫中之物有某種程度的模糊性——例如像葫蘆又像猴子，並且這時有線索顯示作者意圖畫猴子，那麼這種審慎版本的意圖主義會認爲，「畫的是猴子」是對於作品意涵的正確詮釋。

意圖主義的極端版和審慎版立場不盡相同，但他們都會主張：詮釋者如果不去了解作者的創作意圖，將會無法正確得知作品的意涵。因此，如果你是一名意圖主義者，作者針對作品透露過的線索（例如訪問、訪談、自傳），你都必須仔細探究。可能的話，甚至可以直接向作者探詢，因爲這些關於意圖的證據很多時候是「解密」文本的重要關鍵。不管哪種意圖主義，很大程度都仰賴「意圖」的概念。然而有人認爲，若進一步研究和觀察藝術家創作時的意圖，會發現一些意圖主義無法解釋的事情。

意圖悖論

意圖是一種心理狀態，粗略地說，它總是指向、關於某事物；例如小明意圖再抽一根菸，那「再抽一根菸」這件事就是小明的意圖對象。複雜之處在於，**意圖的對象不只可以是事情或行爲，也可以是其他意圖**。若小明有抽菸意圖，但又希望自己不要再抽菸，那麼他很可能同時持有另一個意圖：

意圖自己不要有抽菸的意圖。

在這個例子裡，「意圖自己不要有抽菸的意圖」指向的事物是另一個意圖（也就是抽菸的意圖），因此哲學家會把前者這種「關於意圖的意圖」稱爲「二階意圖」（second-order intention），而被指向的後者自然可稱爲「一階意圖」（first-order intention）。根據上述分析，我們可以重構意圖主義的主張：在詮釋作品時，我們很多時候必須參考作者的「一階意圖」，例如：

一、我要透過這幅畫呈現一隻猴子。

是哲學家納芬登場的時候了。納芬指出，在上述敘述裡，意圖主義者只注意到藝術家對創作活動的一階意圖，卻忽略藝術家也持有另一個二階意圖：

二、我要受眾不需確認「我是不是意圖用這幅畫來呈現一隻猴子」。

如果這點成立被接受的話，根據意圖主義說法，似乎代表詮釋者不該藉助「確認藝術家有什麼樣的一階意圖」來詮釋作品（這也正是本文開頭劇作家品特的故事所例示的）。如此一來，便與意圖主義的主張有所抵觸，造成矛盾的結果：「在詮釋作品時，我們既應該，又不應該徵詢藝術家的一階意圖」。此即意圖悖論。納芬認爲，既然接受意圖主義會導致意圖悖論，

「這不是一支煙斗」？
Ceci n'est pas une pipe.

意圖主義便不是個恰當詮釋學立場。在哲學界，自我矛盾是個很嚴重的指控，然而在此指控成立前，我們必須先證成這個關鍵的二階意圖。我們憑什麼說這種二階意圖存在呢？納芬認爲，對藝術家而言，創作一件要發表在公共場域的作品，必定意味著他意圖使作品表達所有想說的東西。換句話說，他必定擁有這樣一個意圖：觀衆不必徵詢作者來理解作品。說白話一點，電影導演或小說作者不會在創作時有這樣的想法：

「你看完故事後，一定要來問我才能看懂唷！不問你永遠看不懂。」

相反的，他們反而會有這樣的意圖：

「我想說的都在作品裡面了，好好研究吧，不必我來告訴你！」

如果不是這樣的話，似乎便等同於宣告作品並不完整，還要仰賴作者才能了解作品，也意味著作者創作的失敗。（想像某個藝術家因爲不放心讀者對於自己作品的解讀，所以在作品公開之後，乾脆在作品旁邊住下來了，這樣他就可以隨時指導及糾正讀者的解讀。在這種情況下，我們似乎不會覺得他是個好藝術家。）

納芬的主張是：每一個作者都有這種二階意圖（此後稱爲「公共性意圖」）；就算退一步好了，並非所有作者都擁有這個意圖，我們似乎仍要接受「大部分」想把作品產出到公共消費場域的作者都擁有這個意圖。而這點他認為足以支持一件更重要的事，也就是對於受眾而言，認知到作者可能會擁有公共性意圖這件事，足以在整個藝術消費的場域內構成一種詮釋的遊戲規則。換句話說，他認為這個公共性意圖對詮釋者來說是一個「必然的假定」，因為這個假定是藝術品發表在公共平台還有公共體制下，自然而然會導致的一種詮釋慣例。這便是下節重點。

納芬更進一步說明公共性意圖在藝術創作中是怎麼浮現，以及成為必然的假定與慣例。主要有兩種浮現方式：「自主性」（autonomy）與「框架化」（framing）。

活生生的作品：自主性

先談自主性。對作者而言，在創作過程中常會有一種狀況：做出來東西好像跟自己原先想的不一樣（有時候做到一半就能察覺），作品完成後，作者甚至有可能轉變為讀者視角去閱讀或觀賞自己作品，進而發現許多超脫作者意圖的作品特質。

例如，在我早期一些結合愛情題材的推理小說中，我一直希望寫出清淡唯美的愛情故事，但許多讀者卻認為讀起來根本是肉麻過度、噁心過頭，還把我封為「推理界的瓊瑤」。我起初不覺得這些評論公允，然而等到我回頭閱讀自己的作品，也果眞雞皮疙瘩掉滿地，並發誓以後不再用此風格寫小說。又如，當我寫完《雨夜送葬曲》這部小說，才赫然發現故事中四名死者都是妙齡少女，因此不少讀者都認爲這本小說根本就是「美女送葬曲」，但作者壓根兒沒發現這件事。

除了「創作眞是出乎意料啊啊啊」之外，這些現象反映另一件事情，是作品具有自主性，脫離作者擁有自己的生命。這種超脫的可能性，正是詮釋者得以假定作者有公共性意圖的理由：作者知道作品註定會擁有超脫自己意圖的性質；並且，作品一旦進入公共場域，沒有任何事可以阻止受眾挖掘作品中這些超脫作者意圖的意涵。這些考量都促使我們假定作者意欲創造一個可以獨立自存的作品，一個不需要受衆詢問作者才能了解的作品。

作品與藝術家的斷裂：框架化

公共性意圖另一種浮現方式，是「框架化」。一幅畫總是在一個畫框內呈現，我們可進一步把這個框架想像成一種人工空間，一種藝術家置放作品的特殊空間。如此一來，每種藝術作品（不限繪畫）都透過藝術家的置放而身處在「藝術框架」內，因而與現實世界區隔開來。也唯有透過藝術家所賦予的這個框架，許多藝術或美感性質才得以在作品中呈現（例如梵谷的《星夜》跟現實的星夜必定有所不同）。詮釋作品時依循作者意圖，基本上就是撤銷這種藝術框架，我們等於是將作品還原到藝術家的現實生活中，只從藝術家的觀點看作品，徹底放棄其他的審美角度。但藝術的精采往往就是在於切斷作品與作者的連結，使我們看到更多審美的可能性。

納芬舉了下述例子：義大利超現實主義畫家德．奇里訶（Giorgio de Chirico）的畫作中常出現遠遠行進的火車，有時整列出現，有時只露出一團白煙。假設我們發現他其實擁有很不愉快的童年，起因於擔任火車駕駛的父親長期不在身邊。如此一來，我們便能夠解釋火車出現的意義，但這同時也意味著我們失去了其他審美觀點，例如火車可能有其他更有趣的象徵，或者是火車能與畫中其他物件產生更有趣的解讀。當我們把作品從藝術框架撤回作者的人生時，我們對作品的研究已經從藝術性轉變爲歷史性，而這不會是作者期待詮釋者所該做的。因此，我們可以合理假定藝術品的框架化，代表作者對作品的自我切割，亦即，這是作者公共性意圖的展現。

小結

納芬的論證揭示了反意圖主義的強烈傾向，他的意圖悖論貢獻在於點出了意圖主義者從未注意及討論到的面向：在公共場域的藝術生產與消費中，藝術家在創作時會產生的後設心理狀態，還有這種狀態在公共場域中如何演變成一種受衆所依循的詮釋慣例。這整套論述背後的關懷是明顯的：作品註定會擁有自己的生命，擁有超脫作者意圖的美感性質。一旦作品進入公共場域受到大衆檢視，所有這些作者意料之外的結果都終將成爲大衆的詮釋材料。而這點，作者自己也心知肚明。

思考問題

① 納芬認為藝術家創作時必然意圖「作品表達所有想說的事」，就如同我們平常說話時也意圖「我說的話已經表達我想表達的（沒聽懂是你的事）」。我們很難想像會有作者創作出「這個作品沒有完全表達我想說的話」這種作品。試著思考看看你有沒有見過這種作品，若有的話，該作者為何沒有公共性意圖？若沒有見過這種作品的話，試著想像若存在這樣的作品，你能不能認同，以及猜想該作者可能的創作動機為何。

② 意圖主義者史鐵克（Robert Stecker）對於意圖悖論的批評是：就算作者擁有公共性意圖，這也不代表他拒絕受衆的詢問。因為「我想說的都在這裡面了」這個意圖，與「你看不懂的時候我可以幫你」這個意圖並不牴觸。這是個有效的批評嗎？反意圖主義者如何回應？

第五篇 林斯諺

換個名字，藝術品的內容會跟著變化嗎？

你在美術館看到了一幅畫，畫中有著一對男女，穿著十九世紀初的歐洲服裝。你再多看幾眼，發覺他們似曾相識，最後認出似乎是拿破崙跟約瑟芬。於是你得出結論，這幅畫描繪的應該就是這位軍事天才跟他的第一任妻子吧！但當你眼神一轉，瞄到畫作一旁的標題：「參加化裝舞會之前的鄰居夫婦」，你立刻發現原先的解讀有誤，這幅畫呈現的是畫家的鄰居，兩個人在打扮後極爲神似拿破崙與約瑟芬。畫中人不但不是拿破崙與約瑟芬，場景也不是在十九世紀❶。

---

❶ 此例出自 Stephen Davies, *The Philosophy of Art* (Oxford: Blackwell, 2006)

標題與審美

在上述的例子中，我們可以觀察到一件事：標題（title）似乎是受眾在賞析藝術作品時需要考慮的要素之一。美國哲學家列文森（Jerrold Levinson）將這種要素稱之爲「審美相關要素」或「賞析相關要素❷」。以上例而言，若受衆在賞析作品時沒有將標題考慮進去，就會誤解作品的內容，這對審美活動來說至關重大，因此標題就與審美相關。但畫作背面的顏色，或是藝術家繪製這幅畫時喝了幾杯水，顯然就與審美無關。

上例不禁讓我們想繼續追問，是否所有的作品標題都會影響審美或賞析？

列文森的答案是肯定的。他認爲，作品的

標題必定是審美相關要素。換句話說，一件作品怎麼命名，一定是我們賞析作品必須要考量的事。他給了如下論證，來證明標題必定是審美相關要素：

一、藝術作品的任何部分必定是審美相關要素。

二、標題是藝術作品的一部分。

三、標題是審美相關要素。

前提一牽涉到如何定義藝術作品的一部分。列文森給了一個粗略的定義：作品的一部分是藝術創作活動下的產物，並且這個產物是藝術家希望受眾在欣賞作品時必須留意的。如果我們接受了這個定義，那麼不但前提一能夠成立，前提二也會成立，因爲依照這個定義，標題可以理所當然地被視爲作品的一部分，如此一來，標題便一定與審美有關❸。

值得一提的是，這定義也讓關注重心放在「眞正的」標題上，也就是藝術家在

❷ 審美、賞析等詞可以有更嚴格的用法，但此處泛指一般對作品的鑑賞。

❸ 這個定義會有一個隱憂，很多時候作者在創作時，常會同時產出一些「隨附說明」，例如畫作標題底下的說明文字，或是小說的後記等等。這些隨附說明似乎也滿足上述定義。也許是因為這樣的隱憂，列文森才認為該定義只是粗略的。我猜測列文森可以回應說，這些隨附文字嚴格說是藝術創作活動「後」才加上的說明，而非創作下的產物，因此沒有滿足定義。

創作時賦予作品的標題。評論家、出版商或其他第三者所冠上的標題皆被排除在外。列文森認爲，光是證明結論還不夠，如果能更清楚地說明標題是以何種方式影響審美，那麼我們對於「標題是審美相關要素」這件事才能有更具體的認識。最好的作法就是：直接例證標題如何以不同方式影響作品的內涵。

七種標題

列文森區分了七種標題，分類的依據是標題對作品內容產生的效果。基本上他認爲這七種分類窮盡了所有的標題種類；若是沒有窮盡，從既有的區分，我們大概也能推想新的標題會有類似的效果。爲方便說明，列文森將不考慮標題時作品所表達的內容稱爲「核心內容」。接著考察加入標題後，對核心內容會產生什麼影響或效果。加入標題後的內容便稱爲「作品內容」。底下逐一簡述這七類標題。

一、中性標題（neutral titles）

不少作品會直接以故事中重要的人物、地點或物件爲名，例如❹福樓拜的《包法利夫人》、梵谷的《麥田群鴉》、李斯特的《匈牙利狂想曲》。這類標題乍看之下好像沒有替作品增加什麼色彩，故名中性。但列文森認爲，中性標題多少會讓核心內容有點變化，即使可能小到察覺不出來。他建議我們可以用另一種思想實驗來證明中性標題的效力：如果《包法利夫人》原本的標題是《包法利家族》；或者是《麥田群鴉》是《飛翔之闇》，再分別用中性標題替換，如此一來，作品內容的確發生一些改變（縱使可能有些難以言喻），是我們在賞析作品時不容忽略的。

二、強調型標題（underlining titles）

這類標題強調了核心內容中某個已經清晰可見的主題，賦予該主題更強的重量。一個例子是蒙克的《吶喊》。在這幅著名的表現主義風格畫作中，很明顯可以看出畫中人物正做著吶喊或尖叫的動作，但也許在整幅圖畫的構圖中不見得特別突出（扭曲的天空在畫中也占了不少空間）。經過標題的強調，「吶喊」這個主題就像被畫了底線，在作品中更爲搶眼。

❹ 本文所舉的例子將以列文森給的例子為主，我自己的例子為輔。

三、聚焦型標題（focusing titles）

聚焦型標題的功用，是從核心內容中同時並存的多個主題，選出一個做爲整個作品的軸線，定焦作品內容。例如初看馬奈的名畫《草地上的午餐》，我們可能會不太確定這幅畫想要表達的到底是關於美感層面的議題（自然環境烘托下的自然女體），還是關於社會層面的議題（男人穿著整齊，女人卻裸露）。這部作品的標題很清楚地指出畫中的重點在於社交事件——午餐，而非美景，因此也將觀衆的注意力轉移到作品所傳達出的社會、性別訊息，而不是對於美的分析。

四、衝突型標題（opposing titles）

這種標題有兩種亞類型。當標題的內容與核心內容產生矛盾時，稱之爲反諷型。例如布倫的《永恆之城》，畫中是風華不再、遭墨索里尼的法西斯主義蹂躪的殘破羅馬城，標題卻題名永恆，因而讓核心內容產生諷刺的意義。第二種亞類型所造成的衝突不是因爲標題內容與核心內容矛盾，而是因互相對反（contray，兩個命題可以同假，但不能同眞）進而產生幽默、震驚或焦慮的效果。想像一幅線條幽深、用色黑暗沉鬱的油畫，而標題卻是《愉悅》。這裡呈現出來的作品內容不是反諷，而是奇異的黑色幽默或者不安。

五、困惑型標題（mystifying titles）

這類標題陳述了與核心內容幾乎完全無關的內容，效果是會讓核心內容展現出幻想性、概念錯置或是奇異色彩。很多超現實主義的作品都有這類標題，例如唐吉的《媽媽，爸爸受傷了！》、德．奇里訶的《猶太天使》。

六、解惑型標題（disambiguating titles）

這種標題清楚陳述出含混不清或模稜兩可的核心內容，讓原本不確定的內容變得確定、清晰。此類標題常見於視覺藝術作品，可決定作品中眞正刻畫之物。例如本文開頭的例子，或亞伯斯的《向廣場致意》、庫寧的《女人3號》、布朗庫西的《太空之鳥》。

七、隱喻型標題（allusive titles）

這類標題暗示、間接指向其他事物（作品、事件、人物……等等），因此會使核心內容也具有隱喻性。例如，克莉絲蒂最著名的推理小說《一個都不留》的標題其實取自美國童謠的最後一句[5]；馬蒂斯的《奢侈、寧靜、愉悅》暗指波特萊爾《惡之華》中的詩句。要注意的是，這類標題可以跟其他類型的標題重疊[6]。例如，上面提到的克莉絲蒂標題同時也是強調型標題，強調了故事中已經明晰的「孤島上無人生還的狀況下，怎麼可能還有凶手」的推理主題。

標題的再分類

列文森在上述七種標題之上又定義了三種較大的類型：指涉型（referential）、詮釋型（interpretive）、附加型（additive），並把七種標題歸類到這三大分類之下。**指涉型標題**就像一個簡單方便的標籤，主要功能在於使作品便於被指認辨識，對於作品的內容沒有太明顯的著墨；中性標題當屬此類。**詮釋型標題**明確指示了作品詮釋的方向，強調型、聚焦型、衝突型中的反諷型、解惑型、隱喻型都屬於此類。**附加型標題**對於作品詮釋沒有直接的指示，但卻能讓受眾意識到其爲了解作品內容所不能忽略的線索；衝突型中的反對型、困惑型都是屬於此類。從標題的再分類我們可以發現兩件事：

三大分類呼應了列文森一開始的論述策略：就算七種標題沒有窮盡所有的標題種類，遺漏的標題仍很有機會落在這三大分類之內，因此會以類似的方式影響作品內容。顯然絕大多數的標題都與詮釋有關（詮釋型、附加型標題），那麼被七大類遺漏的標題是詮釋相關類型標題的機會就更高了。

別忽略標題

確定標題，並不代表作品內容就死了，頂多是限制詮釋空間。例如以蒙克的《吶喊》而言，看標題後，我們頂多知道「吶喊」是一個被強調的主題，但吶喊要連結到什麼事，要怎麼更進一步解釋，都還有不同可能性，而這可能性，未必就會是作者的解讀。標題可以說只是替觀眾指引了一個方向，要觀眾不要走到錯誤的道路去，但上到正確的道路後具體有些什麼，通常才是意圖主義與反意圖主義的爭論所在。

綜上所述，列文森的理論若是合理的，將會給予作者和受眾兩個重要的啓示：

❺ 此首童謠有很多版本，克莉絲蒂使用的是一八六九年 Frank J. Green 改編的版本〈Ten Little Niggers〉。

❻ 但列文森懷疑中性跟困惑型標題可以同時有引喻性質。

一、對作者而言，決定或更改作品的標題時必須三思，你想要讓作品內容產生什麼樣的美感功效？

二、對受眾而言，賞析作品時，標題是絕對不能被忽略的，如果我們只關注在核心內容上，很可能會錯失了作品的真正樣貌。

在現在作品標題常被電影片商、出版商或其他外力置換的年代，鑑賞作品時更需要多注意作品原文（或原始）標題，相信能讓你有機會比別人挖掘到更多的「真相」。

思考問題

① 你能夠想出上述七類之外的標題類型嗎？如果可以的話，是否無法超出列文森後來再定下的三大類？

② 標題既然也是作品的一部分，其本身也是需要被詮釋的，也就是說，詮釋學的爭論似乎可以應用到標題上。列文森在此似乎已經預設了標題的意義是由語言慣例所決定。你認同嗎？如果不認同，你認為應該要如何決定標題的意義？

沃草烙哲學作者群介紹

（按姓氏筆畫排列）

• 王人俊

政治大學哲學系畢業，現正從事網路行銷產業。脫離學術圈已久，沒法像其他哲學推廣大手介紹太精細深度的哲學問題，不過如果對手是護家盟這種漏洞百出的角色就沒問題了。專長是用歡樂的歸謬法吐槽，指出一些主張會導致的極端搞笑狀況，剛好非常適合護家盟。

• 朱家安

中正哲學碩士，沃草烙哲學主編。多年來面無表情地致力於哲學教育，雖然人稱「哲學雞蛋糕腦闆」，但其實不受兒童喜愛。著有簡單易懂的哲學書《哲學哲學雞蛋糕》以及同性婚姻爭論的論點分析書《護家盟不萌？》。

• 吳星澄

臺北大學公共行政系在學，沃草烙哲學企畫編輯。認同沃草「致力降低公民參與政治門檻」的理念，進而協助沃草烙哲學推動哲學普及。過去曾任沃草「總統，給問嗎?」專案經理，希望有更多的人能接收到文字所傳遞的訊息，而更願意關注公共事務。

•周大爲

政大哲學系學、碩士畢業，現爲網路社群編輯。興趣上網、看電影、打電動、看書。本來想繼續念哲學的，可是斷炊了。現在對人生哲學比較有興趣，因有時覺得自己生活過得太軟爛。現下對哲學的期待是，希望哲學系訓練是否能有市場價值，不然我快混不下去了。有時午夜夢迴不禁捫心自問，當初爲何花七年把點數都點在哲學技能，但是沒辦法重洗了，只好老王賣瓜。如果您有什麼好門路想介紹，好女孩想介紹，或是想找一個誠懇可靠的好同事、好夥伴，或是中了樂透想與人分享，都可以透過 jodaway@gmail.com.tw 與我聯絡。拜託！

•官科宏

臺大哲學系學士、阿姆斯特丹大學邏輯、語言與計算研究所碩士。現爲倫敦政治經濟學院哲學系博士生。主要研究領域是形式知識論，探索使用決策和賽局理論、貝氏網絡、知態邏輯等相關形式工具處理傳統知識論問題的可能性。

•林正昊

政大哲學系學、碩士畢業，現爲慕尼黑大學哲學院博士候選人。研究領域以康德哲學爲核心，同時也關心德國觀念論哲學以及當代分析哲學與康德哲學的關聯，博士論文主要探討康德《純粹理性批判》當中的自我概念。

•林斯諺

紐西蘭奧克蘭大學哲學博士候選人，研究領域爲美學與藝術哲學，現爲美國美學協會（American Society of Aesthetics）成員；另一身分是推理小說作家，目前爲台灣推理作家協會成員，近作爲《小熊逃走中：偵探林若平的苦惱》。臉書粉絲團：林斯諺。Email: neoellery@hotmail.com

•邱怡嘉

臺灣大學法律學研究所碩士班，學術興趣爲英美分析法理學、政治哲學與倫理學。法理學部落格「花惹法理學 WTF! JURISPRUDENCE」（wtfjurisprudence.wordpress.com）創辦人。因爲法理學長期以來，不僅一般人不了解，在法學院裡也不受重視。因此，希望透過簡明的書寫，在法律做爲實用之學的認知外，開啓人們認真看待理論的機會。畢竟，若只追求實用，卻不尋求理解；只望見現實，卻忽略精神，那麼我們終究只是將無根的實用建立在空洞的基礎之上。

・洪偉

清華大學哲學碩士，寫了一個叫作「偉恩與咖啡」（wayneh.tw）的部落格，在簡單哲學營擔任講師好像已經第三年了，烙哲學召集人之一。在臺北開了一間咖啡店叫作「里山咖啡」，邀請自己擔任駐店哲學家。我希望透過將哲學應用在評論、生活、職場、教學上，來推廣哲學普及的工作。同時，我也是一個桌上型角色扮演遊戲（TRPG）的推廣者，你可以在網路上找到一些我寫的關於「COC」這個遊戲的文章。如果想找我合作、聊天和遊玩，都可以寫信到wayne930242@gmail.com。

・張子龍

臺灣大學哲學系畢業，科際整合法律學研究所在讀，沒有專長只是飽食終日，無所用心，興趣是邏輯和道德的生活實踐，希望能找到眞正貫徹內心信念而活的人，也希望成爲這樣的人。另外，也參與校園辯論活動多年，經營個人網誌和粉專，還有定期培訓活動。最近在思考如何結合哲學、法學和辯論進行推廣，如果有這方面的興趣，歡迎聯絡，至於如何聯絡，還請臉書蒐尋然後隨緣吧。

・張智皓

現爲中正大學哲學博士生，簡單哲學營常任講師。著有《今天學哲學了沒》，經營很少在更新的部落格「無法哲學」（philnoway.blogspot.tw）。碩士論文研究安樂死的倫理議題，博士論文主題尚在尋找中。不敢說自己有什麼專長，研究興趣也一直在變，最近感興趣的題目是知識論與理性選擇理論。

•梁靧

道家主義者。政大哲研碩士畢，碩論為《以一入道：老子「一」的詮釋進路》。二〇〇八年曾任國民黨中常委，二〇一二年矢言役畢後終身以道家哲學為信念，二〇一四年公開退黨。為人甚無大志，人生願望頂多是：「希望自己有一天能夢到蝴蝶能夢到我夢到蝴蝶夢到我。」創作成名曲為〈行路難〉：「大道廢，人困崎嶇又如何？躡屩檐簦羞何有？行路一生總棺闔。彈扇作歌無苦聲，無魚無車亦無名。犢鼻褌飄道南院，鍛鐵聲鏗京華城。君不見人多譏怪我胸懷，我笑世人看不開。大瓮盛酒豬共醉，廣陵曲終笑衆徠。率意獨駕終有止，仰天笑問此何哉。行路難，不歸不去笑重來。」

•陳以森

美國加州大學戴維斯分校哲學博士生，國立中正大學碩士，簡單哲學營講師。碩士班時期研究題目為法律的規範性、民主理論（多數決主義與憲政主義）。現在的主要專長領域為心靈表徵與知識論，次要領域爲科學哲學。個人對於哲學的興趣相當廣泛。希望有一天能寫出一本適合當代中文讀者的西洋哲學史（包含二十世紀後半期的分析哲學）。

・陳冠廷

就讀於臺大法律研究所。一開始被系上教授傳授法哲學時的風采吸引而接觸哲學（俗稱腦粉）。粉紅泡泡破滅後發現自己不懂的比懂的多很多，於是利用書寫試圖整理自己的腦中問號。興趣領域爲法哲學、政治哲學與倫理學。身爲半路出家的哲學學徒，其實我也跟各位一樣會迷惘與困惑，有很多牆還在撞。我想，如果讀得懂哲學很好、會很有收穫，但讀不懂也沒關係別太自責，你仍是個夠好、值得被愛的人。相信這世界仍準備了夠多的美好等待你去開展。個人部落格：惜字亭・習字廷（momating.weebly.com）

・陳煥民

綽號小龜。比起本名，綽號較爲人所知。臺大哲學系博士班，專長爲倫理學與政治哲學。關心人應該如何過活才能獲得幸福，由此走上價值論、相對主義、自由主義、多元文化論與容忍概念的探索之路。同時也是新生代基金會教師培訓營講師、鄭福田文教基金會高中哲學課程講師。從事品德教育、哲學普及推廣與中小學教師的哲學教育培訓，並在各級學校、公家機關與民間團體做交流分享。範圍包括哲學教育、品德教育、如何設計教案、如何運用哲學思考進行教學、引導思辨與討論技巧等。

•彭捷

香港人，香港中文大學哲學系畢業。哲學普及推廣者，時評人，經營博客《通識—哲學》（chitchitphilosophy.blogspot.hk）。早前在中學教授通識與辯論，現任《立場新聞》哲學版主編。寫文章目標之一：大嬸或小童也能看明白我寫什麼，然後這個世上不會再有親戚問「哲學到底是讀什麼？」對所有知識都懷有強烈的好奇心，若對知識分享有興趣，請聯絡我：bacchus.pang@yahoo.com.hk。

•馮一凡

主修政治學及拉丁美洲研究，PTT鄉民經歷十年以上，現為NPO工作者。專長及興趣包含：民主政治、人權、性別及愛滋政治。哲學，尤其政治哲學對於理想政府、社會及生活方式的追求，喚起我從事非營利工作的熱情跟使命感，尚幸至今仍未燃燒殆盡。原以為哲學論述可以改變世界，但發現世界的真實過於龐大，還有許多可以學習之處，於是正在學習謙卑。

•黃頌竹

國立中正大學哲學研究所博士候選人，也是簡單哲學營的常任講師。經營「幹哲學」部落格（isaacstn.blogspot.tw）。專長的領域是道德哲學，也涉獵法律與政治哲學。目前的研究核心在嘗試以個人自主性來說明實踐規範性的來源，並以此爲基礎，進一步說明道德的規範性來源。

・楊理然

現爲加拿大亞伯達大學哲學博士候選人，主要研究興趣爲美學（包含分析美學和康德美學）、藝術哲學及倫理學。博士論文探討大衆流行文化中藝術品與情緒之間的關係，近期對文學、人生經歷與倫理學之間的互動關係感興趣。私下偏好不被歸類爲英美分析哲學工作者，目前對文學讀書會的興趣大於哲學讀書會。

・賴天恆

現爲澳洲國立大學博士候選人。研究領域涉及公民不服從、暴力抗爭、懲罰、政治義務、反抗的義務。同時爲「哲學家闖蕩天涯」（ppt.cc/FXFFR）網站編輯群成員，主要提供申請國外哲學系碩博士班的相關資料。目前亦擔任「少數族群與哲學（Minorities and Philosophy ANU）」召集人，致力於讓哲學社群更接納多元。

參考資料

｜第一章 價值｜

第二篇 道德原則可以有例外嗎？

•Bader, R. (2016), Conditions, Modifiers and Holism, E. Lord and B. Maguire (eds.), *Weighing Reasons*, Oxford University Press.

•Ross, W. D. (2002), What Makes Right Acts Right?, *The Right and the Good*, Clarendon Press.

•Timmons, M. (2002), Moral Particularism, *Moral Theory: An Introduction*, Rowman & Littlefield Publishers.

•Kant, Immanuel (2008), On a supposed right to lie from philanthropy, *Practical Philosophy*, Cambridge: Cambridge University Press.

第四篇 哲學如何解答「人生的意義」？

• Aristotle (2011), *Aristotle's Nicomachean Ethics*, Translated by Robert C. Bartlett and Susan D. Collins, University of Chicago Press.

• Immanuel Kant (2002), *Groundwork for the Metaphysics of Morals*, Translated by Allen W. Wood and Jerome B. Schneewind, Yale University Press.

• Robert Solomon & Kathleen Higgins (2009), *The Big Questions: A Short Introduction to Philosophy*, Cengage Learning.

• Thaddeus Metz (2013), The Meaning of Life, *Stanford Encyclopedia of Philosophy*.

• Thomas Nagel (1987), *What Does It All Mean?: A Very Short Introduction to Philosophy*, Oxford University Press.

｜第二章 生活｜

第二篇 我們應該相信眞理嗎？（這不是廢話嗎!!!）

• Kathrin Glüer & Åsa Wikforss (2009), Against Content Normativity, *Mind*, 118(469), pp. 31-70.

第三篇 價值一百萬的哲學決策——紐康難題

- Robert Nozick (1969), Newcomb's problem and two principles of choice, In Nicholas Rescher (ed.), *Essays in Honor of Carl G. Hempel. Reidel:* pp.114-146.
- Mark Walker (2014), The Real Reason Why the Prisoner's Dilemma is Not a Newcomb Problem, *Philosophia 42*: pp.841-859.
- Ralph Wedgwood (2011), Gandalf's Solution to the Newcomb Problem, *Synthese 14*: pp.1-33.

第五篇 上班很苦嗎？漢娜．鄂蘭和莊子來救援啦！

- Hannah Arendt (1958), *The human condition*, Chicago: The University of Chicago Press Ltd.
- Brian Knutson (2001), Dissociation of reward anticipation and outcome with event-related fMRI, *Neuroreport,* Journal volume 12.
- Kelly McGonigal (2012), *The Willpower Instinct*, Chapter 5: The Brain's Big Lie--Why We Mistake Wanting for Happiness, New York : Penguin Group Inc.
- Mihaly Csikszentmihalyi (1990), *Flow:The Psychology of Optimal Experience*, New York: Harper and Row.
- 方洙正（Alex Soojung-Kim Pang）（2014），《分心不上癮》，賴盈滿譯，臺北：大塊文化，頁五十七～五十九。
- 詹康（2014），《爭論中的莊子主體論》，臺北：臺灣學生書局，頁三八九～三九〇。
- 賴錫三（2015），〈《莊子》的養生哲學、倫理政治與主體轉化〉，二〇一五莊子哲學國際研討會，臺北：國立陽明大學。

第六篇 老子也按讚的索馬利亞海盜矯治方案

- 高明（2001），《帛書老子校注》，北京：中華書局。
- 復旦大學出土文獻與古文字研究中心（2014），《長沙馬王堆漢墓簡帛集成（肆）》，北京：中華書局。
- 范珍翡（2014），《索馬利亞海盜之經濟與法律問題研究：以海盜贖金為中心》，國立中央大學產業經濟研究所碩士論文，頁十五～十七。
- 林葳（2011），《論國際組織對索馬利亞海盜行為之防制》，國立師範大學政治學研究所碩士論文，頁七十二～八六、一一一～一一三、一二一。
- 樓宇烈（2006），《王弼集校釋》（二版一刷），臺北：華正書局，頁九十四。
- 自由時報，二〇一六年，〈日本老闆的辦法超溫馨　擺平索馬利亞海盜〉一月三十日。

第七篇 陰謀論的哲學問題

- L. Bovens and S. *Hartmann Bayesian Epistemology* (2003), Oxford: Clarendon Press
- B. Fitelson (2003), A Probabilistic Measure of Coherence, *Analysis,* 63: pp.194-199
- Peter Klein & Ted A. Warfield (1994), What Price Coherence?, *Analysis* 54 (3):pp.129-132
- C.I. Lewis (1946), *An Analysis of Knowledge and Valuation*, LaSalle: Open Court
- E. J. Olsson (2002), What is the Problem of Coherence and Truth?, *The Journal of Philosophy*, 99: pp.246-272
- T. Shogenji (1999), Is Coherence Truth Conducive?, *Analysis, 59*: pp.338-345

一第三章 政治一

第一篇 文明必須禮貌嗎？不和諧的抗爭與國際城鎮會議

- Estlund, D. M. (2005), Deliberation down and dirty: must political expression be civil?, *Poynter Center for the Study of Ethics and American Institutions*, Indiana University.

第二篇 搶救國文、護家盟、制服守舊派與「偽善」

- Elster, J. (1998), Deliberation and constitution making, *Deliberative democracy*, pp. 97-111.
- Kolodny, N. (2014), Rule Over None I: What Justifies Democracy?. *Philosophy & Public Affairs*, 42(3), pp.195-229.
- Kolodny, N. (2014), Rule Over None II: Social Equality and the Justification of Democracy, *Philosophy & Public Affairs*, 42(4), pp.287-336.

- Rawls, J. (2005), *Political liberalism*, Columbia University Press.
- Galston, W. A. (1995), Two concepts of liberalism, *Ethics*, pp.516-534.
- Gutmann, A., & Thompson, D. (2009), *Why deliberative democracy*?, Princeton University Press.

第三篇 佩迪特的共和主義

- 本文論述主要參考，摘要，改寫自：Philip Pettit (2011), *The Instability of Freedom as Noninterference*.
- Philip Pettit (1997), *Republicanism*.
- Philip Pettit (2012), *On the People's Terms*.

第四篇 洪秀柱、無知之幕、承諾的張力

- Freeman, Samuel, Original Position, *Stanford Encyclopedia of Philosophy*, edited by Edward Zalta.
- Rawls, John (1999), *A Theory of Justice*, revised ed., Harvard University Pres.
- —— (2005), *Political Liberalism*, expanded ed., Columbia University Press.
- 中國評論新聞網，二〇一五年，〈洪秀柱提倡修憲應恢復立法院閣揆同意權〉，六月二十二日。
- 二〇一四年五月十八日，民進黨第十五屆黨主席選舉電視政見會。
- 《孟子》，「公孫丑上」。
- 《墨子》，「兼愛中」。
- 聯合新聞網，二〇一五年，〈蔡英文表態：內閣制沒存在空間〉，三月三十一日。

第五篇 「不適任的選民」一定要一人一票嗎？

- Kolodny, N. (2014), Rule Over None I: What Justifies Democracy?, *Philosophy & Public Affairs*, 42(3), pp.195-229.
- Kolodny, N. (2014), Rule Over None II: Social Equality and the Justification of Democracy, *Philosophy & Public Affairs*, 42(4), pp.287-336.
- Brennan, J. (2011), The right to a competent electorate, *The philosophical quarterly*, 61(245), pp. 700-724.。

- Young, I. M. (2002), *Inclusion and democracy*, Oxford University Press.
- Gutmann, A., & Thompson, D. (2009), *Why deliberative democracy*?, Princeton University Press.

第七篇 規則沒有指出好處，爲什麼我們還有理由照著做呢？

- Raz, Joseph (2009), *Reasoning with Rules. In Between Authority and Interpretation*, Oxford: Oxford University Press, pp.203-219.
- 王鵬翔（2015），〈規則的規範性〉，收錄於《理由轉向：規範性之哲學研究》，臺北：臺灣大學出版中心。
- 莊世同（2015），〈法律的規範性與理由的給予〉，收錄於《理由轉向：規範性之哲學研究》，臺北：臺灣大學出版中心。
- 顏厥安（2004），〈論證、客觀性與融貫性－由幾篇文獻探討法律論證的基本問題〉，收錄於《規範、論證與行動：法認識論論文集》，臺北：元照。

｜第四章 性別｜

第一篇「同性伴侶」和「同性婚姻」

- 模憲字第二號判決：模擬憲法法庭大法官陳昭如協同意見書，民國一○三年八月一日。

｜第五章 自己｜

第一篇「我思故我在」的神推論

- René Descartes, *Internet Encyclopedia of Philosophy*.
- Descartes' Epistemology, *Stanford Encyclopedia of Philosophy*.

第二篇「我思故我在」眞的無容置疑嗎？

- Hintikka, Jaakko (1962), Cogito ergo sum: Inference or Performance?, *Philosophical Review*.
- Williams, Bernard (1978), *Descartes: The Project of Pure Inquiry*, Harmondsworth: Penguin.
- Peacocke, Christopher (2012), Cogito Ergo Sum: Descartes Defended, *Proceedings of the Aristotelian Society*.
- Cottingham, John, and Robert Stoothoff, and Dugald Murdoch. (eds.) (1984), *The Philosophical Writings of Descartes*, Cambridge: Cambridge University Press.
- plato.stanford.edu/entries/descartes-epistemology/
- 王少奎（1997），〈「我思故我在」是一個直觀或推論？〉。
- 劉創馥（2014），《黑格爾新釋》，初版，臺北：臺灣大學出版中心。

第三篇 你怎麼知道你是你

- zh.wikipedia.org/wiki/
- en.wikipedia.org/wiki/Personal_identity
- Personal Identity, *Internet Encyclopedia of Philosophy*.
- Personal Identity, *Stanford Encyclopedia of Philosophy*.
- Animalism, *Stanford Encyclopedia of Philosophy*.
- Noonan, Harold W. (2003), *Personal identity*, Psychology Press, chapter11~12.
- Parfit, Derek. (1984), *Reasons and persons*, Oxford University Press.
- Noonan, Harold W. (2003), *Personal identity*, Psychology Press.
- 周大爲（2010），〈帕式化約論與初期佛教的人格同一性觀點之差異〉，政治大學哲學系碩士學位論文。
- 人格同一性問題的三重根及其消解——從洛克到帕菲特

一第六章 藝術一

第一篇 什麼是藝術？

- Noël Carroll (1994), Identifying Art, *In Philosophy of Art: A Contemporary Introduction*, pp.249-264.
- Arthur Danto (1964), The Artworld, *The Journal of Philosophy 61*, no.19, pp.571-584.
- Dickie, George (1984), *The Art Circle: A Theory Ofart*, New York: Haven.
- Morris Weitz (1956), The Role of Theory in Aesthetics, *Journal of Aesthetics and Art Criticism 15*, no.1, pp.27-35.
- Thomas Adajian (2012), The Definition of Art, *The Stanford Encyclopedia of Philosophy*.

第二篇 作者已死

- William K. Wimsatt and Monroe C. Beardsley (1946), The Intentional Fallacy, *The Sewanee Review 54*: pp.468-88.
- Colin Lyas (1992), Wittgensteinian Intentions, *In Intention & Interpretation*, ed. Gary Iseminger (*Philadelphia*, PA: Temple University Press), pp.132-151.
- Monroe C. Beardsley (1981), *Aesthetics*, 2nd ed. (Indianapolis, IN: Hackett).
- Monroe C. Beardsley(1970), *The Possibility of Criticism*, (Detroit, MI: Wayne State University Press).

第三篇 解讀藝術作品，爲何需要考慮作者意圖？

- Eric D. Hirsch (1967), *Validity in Interpretation*, New Haven, CT: Yale University Press.
- In Roland Barthes (1977), *Image-Music-Text*, trans, Stephen Health, New York: Hill and Wang.
- Michel Foucault (1979), What Is an Author?, in Josue V. Harari, *Textual Strategies*, Ithaca, N.Y.: Cornell.
- Monroe C. Beardsley (1970), *The Possibility of Criticism*, Detroit, MI: Wayne State University Press.
- Stephen Davies (2006), *The Philosophy of Art*, Oxford: Blackwell.
- Alan H. Goldman (1990), Interpreting art and literature, *Journal of Aesthetics and Art Criticism*, pp. 205-214.
- Harry Medved and Michael Medved (1980), *The Golden Turkey Awards*, Perigee Books.
- Noël Carroll (1992), Art, intention and conversation, *In Intention & Interpretation*, ed. Gary Iseminger, Philadelphia, PA: Temple University Press, pp.97-131.
- Robert Nozick (1975), *Anarchy, State, and Utopia*, Oxford: Blackwell.
- 胡適《西遊記考證》。

第四篇 看不懂藝術品時，爲什麼不該問作者？

- Daniel O. Nathan (2005), A Paradox in Intentionalism, *British Journal of Aesthetics 45*: pp.32-48.

第五篇 換個名字，藝術品的內容會跟著變化嗎？

- Stephen Davies (2006), *The Philosophy of Art*, Oxford: Blackwell.
- Jerrold Levinson (1985), Titles, *Journal of Aesthetics and Art Criticism*, pp.29-39.
- en.wikipedia.org/wiki/Wheatfield_with_Crows#/media/File:A_Vincent_Van_Gogh.jpg
- en.wikipedia.org/wiki/The_Scream#/media/File:The_Scream.jpg
- en.wikipedia.org/wiki/Le_Déjeuner_sur_l'herbe#/media/File:Edouard_Manet_-_Luncheon_on_the_Grass_-_Google_Art_Project.jpg
- www.moma.org/collection/works/79988
- en.wikipedia.org/wiki/File:Mama,_Papa_is_Wounded!.jpg
- www.metmuseum.org/toah/works-of-art/1999.363.15/
- www.metmuseum.org/toah/works-of-art/59.160/
- en.wikipedia.org/wiki/Woman_III#/media/File:Woman3.jpg
- www.moma.org/collection/works/81033
- en.wikipedia.org/wiki/Luxe,_Calme_et_Volupté#/media/File:Matisse-Luxe.jpg

Eurasian Publishing Group
圓神出版事業機構
用心與你對話．視野無限寬廣
究竟出版社
Athena Press

www.booklife.com.tw
reader@mail.eurasian.com.tw

哲學 033

現代草民哲學讀本：日常隨時烙哲學，用思考通樂人生

作　　者／沃草烙哲學作者群
編　　者／朱家安（沃草公民學院主編）
內頁插畫／寧欣
發 行 人／簡志忠
出 版 者／究竟出版社股份有限公司
地　　址／台北市南京東路四段50號6樓之1
電　　話／（02）2579-6600．2579-8800．2570-3939
傳　　真／（02）2579-0338．2577-3220．2570-3636
總 編 輯／陳秋月
主　　編／王妙玉
專案企畫／沈蕙婷
責任編輯／蔡緯蓉
校　　對／沃草烙哲學作者群．林雅萩．蔡緯蓉
美術編輯／潘大智
行銷企畫／陳姵蒨．詹怡慧
印務統籌／劉鳳剛．高榮祥
監　　印／高榮祥
排　　版／陳采淇
經 銷 商／叩應股份有限公司
郵撥帳號／18707239
法律顧問／圓神出版事業機構法律顧問　蕭雄淋律師
印　　刷／龍岡數位文化股份有限公司
2017年6月　初版
2020年4月　5刷

定價 360 元　　ISBN 978-986-137-236-5

這本書所呈現的，是經過錘鍊的精確思路、豐富思考的方法，而能帶給讀者的，將不只是對哲學的敲門磚，更是一趟能經歷各種哲學思維的旅程。

——《現代草民哲學讀本》

國家圖書館出版品預行編目資料

現代草民哲學讀本：日常隨時烙哲學，用思考通樂人生／
沃草烙哲學作者群 著 .-- 初版 .-- 臺北市：究竟，2017.06
368 面；14.8×20.8 公分 .--（哲學；33）
ISBN 978-986-137-236-5（平裝）

1. 哲學 2. 言論集

107 106005393